U0956047

零基础学
股票型基金
从入门到精通

股震子／编著

中国宇航出版社
·北京·

版权所有　侵权必究

图书在版编目（CIP）数据

零基础学股票型基金从入门到精通 / 股震子编著
. -- 北京:中国宇航出版社，2020.10（2022.1重印）
ISBN 978-7-5159-1848-8

Ⅰ. ①零… Ⅱ. ①股… Ⅲ. ①股票投资－基本知识②基金－投资－基本知识 Ⅳ. ①F830.91②F830.59

中国版本图书馆CIP数据核字(2020)第163663号

策划编辑 田芳卿
责任编辑 吴媛媛　　封面设计 宇星文化

出版发行 中国宇航出版社
社　址 北京市阜成路8号　　邮　编 100830
(010)60286808　　(010)68768548
网　址 www.caphbook.com
经　销 新华书店
发行部 (010)60286888　　(010)68371900
(010)60286887　　(010)60286804(传真)
零售店 读者服务部
(010)68371105
承　印 三河市君旺印务有限公司
版　次 2020年10月第1版　　2022年1月第2次印刷
规　格 710×1000　　开　本 1/16
印　张 14.5　　字　数 207千字
书　号 ISBN 978-7-5159-1848-8
定　价 45.00元

本书如有印装质量问题，可与发行部联系调换

股票型基金：让专业的人替你炒股

（代序）

在众多基金类别中，股票型基金对基金经理的要求最高，也最能体现一个基金经理的价值。然而，时至今日，相对于数量庞大的股民来说，股票型基金体量还是太小了。很多投资者仍是宁愿自己炒股，也不愿意将资金交给基金经理打理。

这就像我们走进一个自助蛋糕店去做蛋糕，也许感觉不错，但总是没有专业的人做得好。炒股也一样，很多人对基金经理和基金持仓股票缺乏足够的耐心和信心，总是认为这些基金经理没有自己做得好。也许在某一天或某一段时间内，你做得还不错，甚至大大超过了基金的业绩，但从长期来看，可能就是另一番景象了。

其实，2019 年的股票投资相关数据最能说明问题。东方财富网调查统计显示：截至 2019 年年底，当年盈利 50% 以上的股民占比为 9.6%；盈利 20%～50% 的股民占比为 15.7%；盈利 20% 以下的股民占比为 27.2%；亏损的股民占比为 47.5%。大家知道，2019 年是典型的小牛市加科技股牛市，股票指数上涨了 22%，而 74.7% 以上的股票都没有达到大盘指数上涨的幅度，也就是说，大多数股民都跑输了大盘。

我们再看一下股票型基金的业绩情况。整个 2019 年，普通股票型基金的平均业绩为盈利 47.33%；偏股混合型基金的业绩为 44.96%，更有 5 只基金的业绩上涨幅度超过了 100%。股票型基金的平均成绩达到了大盘涨幅两倍的水准。

这就是现实，和大多数投资者所想的完全不同。

专业的人做专业的事，这才是硬道理。

当然，投资股票型基金也不是简单地从市场上随便寻找一个基金品种，或者查看一下收益排行榜选出收益最佳的基金就行，投资者需要从自身需求出发，寻找合适的基金品种。股票型基金的品种不同，投资方向也会存在差异，收益更是不可同日而语。各个板块的股票型基金可能在不同时期有不同的表现，而混合型基金在股市下行趋势中，往往会表现得比普通股票型基金更抗跌。

投资任何种类的基金都不是买入、持有、卖出那么简单，投资者需要对宏观经济环境有较深入的认识和了解，通过构建基金组合，运用基金品种和类型的切换，尽量避开某一类型基金的熊市，拥抱牛市。

总之，投资的道路上，从来没有捷径。

目　录

第一章　股票型基金，未来重要的投资方向

第一节　为何选择股票型基金而非炒股票 / 3

一、专业人士代为炒股 / 4

二、组合投资 / 4

三、风险与收益并存 / 5

四、投资地域多元 / 6

第二节　影响股票型基金收益的因素 / 6

一、大盘走势 / 7

二、行业股票走势 / 8

三、基金经理选股水平 / 10

四、基金规模大小 / 11

第三节　股票型基金投资术语 / 12

一、申购、认购、超额认购、定投、赎回、巨额赎回 / 12

二、基金份额、基金单位净值、累计净值、估算净值 / 15

三、上市交易、场内、场外、基金转换、转托管 / 17

四、开放式、封闭式 / 18

五、成长型、收入型、平衡型 / 20

六、股票型、债券型、货币型、混合型、FOF 基金 / 22

七、主动型、被动型（ETF 基金）/ 23
八、公募基金、私募基金 / 25

第二章　股票型基金的分类及运作

第一节　股票型基金的投资策略 / 29
一、价值型 / 29
二、成长型 / 30
三、平衡型 / 31
第二节　股票型基金的主要投资方向 / 31
一、大盘股、中小盘股 / 31
二、行业股 / 33
三、主题概念板 / 35
四、混合类 / 36
第三节　股票基金的运作 / 38
一、基金如何挑选股票 / 38
二、基金投资占比 / 39
三、基金选择股票的限制 / 40

第三章　三重定位好基金

第一节　选基金先要选产品 / 45
一、从基金名称看产品属性 / 45
二、基金名称中的 A、B、C / 47
三、基础性评价指标 / 49
四、评估基金产品的收益与风险 / 51
五、查看评级机构的评级 / 52
六、评估基金产品业绩表现 / 54

第二节　看业绩选基金经理 / 56
一、了解基金经理的背景 / 56
二、了解基金经理的运作成绩 / 58
三、关注基金经理变动情况 / 59
第三节　选基金要关注基金公司 / 60
一、了解基金公司的背景 / 60
二、关注基金公司的投资方向 / 61
三、对比基金公司的业绩表现 / 62
四、找到基金公司业绩最佳的产品 / 63
第四章　市值板块股票型基金投资
第一节　大盘蓝筹类股票型基金投资分析 / 67
一、大盘蓝筹股的基本特征 / 67
二、影响大盘蓝筹股走势的因素 / 68
三、投资大盘蓝筹股的基本逻辑 / 69
四、大盘蓝筹类股票型基金梳理 / 70
五、典型基金品种——上投摩根大盘蓝筹股票基金 / 72
第二节　小盘成长类股票型基金投资分析 / 75
一、小盘成长股的基本特征 / 75
二、影响小盘成长股走势的因素 / 76
三、投资小盘成长股的基本逻辑 / 77
四、小盘成长类股票型基金梳理 / 78
五、典型基金品种——广发小盘成长混合基金 / 80
第三节　中小盘混合类股票型基金投资分析 / 83
一、中小盘股票的基本特征 / 83
二、影响中小盘股票走势的因素 / 84
三、投资中小盘股票的基本逻辑 / 85

四、中小盘混合类股票型基金梳理 / 86
五、典型基金品种——易方达中小盘混合基金 / 89
六、典型基金品种——银华中小盘混合基金 / 92

第五章 行业股票型基金投资

第一节 消费品行业股票型基金投资分析 / 97
一、消费品行业构成 / 97
二、消费品行业面临的机会 / 97
三、投资消费品行业股票的基本逻辑 / 101
四、消费品行业股票型基金梳理 / 102
五、典型基金品种——汇添富消费行业混合基金 / 105
六、典型基金品种——易方达消费行业股票基金 / 107

第二节 金融及地产行业股票型基金投资分析 / 110
一、金融及地产行业构成 / 110
二、金融及地产行业面临的机会 / 110
三、投资金融及地产行业股票的基本逻辑 / 111
四、金融及地产行业股票型基金梳理 / 113
五、典型基金品种——工银新金融股票基金 / 114

第三节 医药健康行业股票型基金投资分析 / 117
一、医药健康行业构成 / 117
二、医药健康行业面临的机会 / 117
三、投资医药健康行业股票的基本逻辑 / 121
四、医药健康行业股票型基金梳理 / 122
五、典型基金品种——南方医药保健灵活配置混合基金 / 124

第四节 科技创新行业股票型基金投资分析 / 126
一、科技创新行业构成 / 126
二、科技创新行业面临的机会 / 127

三、投资科技创新行业股票的基本逻辑 / 129
四、科技创新行业股票型基金梳理 / 130
五、典型基金品种——银河创新成长混合基金 / 132

第六章　主题概念股票型基金投资

第一节　“互联网 +”概念股票型基金投资分析 / 137
一、“互联网 +”概念及构成 / 137
二、“互联网 +”行业发展趋势 / 138
三、投资“互联网 +”概念股票的基本逻辑 / 139
四、“互联网 +”概念股票型基金梳理 / 140
五、典型基金品种——天弘互联网混合基金 / 141

第二节　产业升级概念股票型基金投资分析 / 144
一、产业升级概念及构成 / 144
二、产业升级概念发展趋势 / 145
三、投资产业升级概念股票的基本逻辑 / 146
四、产业升级概念股票型基金梳理 / 146
五、典型基金品种——嘉实新兴产业股票基金 / 148

第三节　新能源概念股票型基金投资分析 / 151
一、新能源概念及构成 / 151
二、新能源行业发展趋势 / 151
三、投资新能源概念股票的基本逻辑 / 152
四、新能源概念股票型基金梳理 / 153
五、典型基金品种——信达澳银新能源产业股票基金 / 154

第四节　高端制造概念股票型基金投资分析 / 157
一、高端制造概念及构成 / 157
二、高端制造行业发展趋势 / 158
三、投资高端制造概念股票的基本逻辑 / 158

四、高端制造概念股票型基金梳理 / 159
五、典型基金品种——富国高端制造行业股票基金 / 161

第七章 其他类型股票型基金

第一节 QDII 股票型基金 / 167

一、QDII 基金的设立与特点 / 167
二、QDII 股票型基金的筛选 / 169
三、典型 QDII 基金品种——汇添富全球互联混合基金 / 171

第二节 封闭式基金 / 173

一、封闭式基金的类型 / 173
二、封闭式基金的交易 / 174
三、典型封闭式基金品种——南方瑞合定开混合基金 / 176

第三节 LOF 基金 / 179

一、基金的转托管 / 180
二、LOF 基金的基本特征 / 180
三、LOF 基金的套利技巧 / 181
四、QDII-LOF 基金的交易 / 182

第四节 打新基金 / 184

一、识别打新基金 / 184
二、挑选打新基金 / 185
三、战略配售基金（独角兽基金） / 186
四、科创板打新基金梳理 / 187
五、典型科创板打新基金品种——南方科技创新混合基金 / 188

第八章　股票型基金投资解析

第一节　股票型基金选择技巧 / 193

一、新基金与原有明星基金 / 193

二、系统自动推荐基金 / 194

三、纯股票型基金与混合型基金 / 195

第二节　股票型基金基本交易技巧 / 196

一、基金入场时机 / 196

二、长线建仓还是短线持有 / 198

三、基金加仓的基本策略 / 199

四、主动赎回与被动赎回 / 200

五、一次性赎回与分批赎回 / 202

第三节　股票型基金基本投资策略 / 203

一、底部入场与定投 / 204

二、板块轮动与调仓换基 / 205

三、顶部离场切换至债基 / 206

四、减少操作频率 / 208

第四节　股票型基金定投策略 / 209

一、基金定投的基本策略 / 209

二、基金定投的特点 / 211

三、基金定投基本模式 / 212

第五节　金牛奖——基金中的状元 / 214

一、金牛奖的评选对象 / 214

二、金牛奖股票型基金梳理 / 215

三、金牛奖基金——交银定期支付双息平衡混合基金 / 217

第一章

股票型基金，未来重要的投资方向

股票型基金，是指主要投资于股票市场的基金。在 2015 年之前，股票型基金的仓位限制在 60% 以上。按照 2015 年的基金仓位管理规定，股票型基金所持股票的总仓位必须达到基金资产的 80%。也就是说，只有持有股票资产占基金总资产 80% 以上的基金，才能称为股票型基金。指数型基金，其中以股票指数基金最为有名，其从本质上来说也是一种股票型基金。由于同系列另外一本书会单独讲解指数型基金，本书不再详加介绍。

第一节　为何选择股票型基金而非炒股票

很多投资者都有这样的疑问，既然股票型基金的投资对象主要是股票，那为何不自己去炒股，而是将资金投向股票型基金，让那些基金经理去给买股票呢？而且通过股票型基金买入股票，还要承担更多的手续费和管理费用等。

在投资理财观念比较成熟的欧美国家，其实很少有人会自己炒股，大家都是通过基金公司进行投资的。比如，大家熟知的巴菲特管理的伯克希尔–哈撒韦公司，就是一家专门代投资者进行投资的基金公司。也就是说，在欧美国家，大家更愿意将钱交给专门的基金公司打理，让这些基金公司帮助自己投资。相比于普通投资者个人炒股，投资购买股票型基金具有如下几个显著特点，如图 1–1 所示。

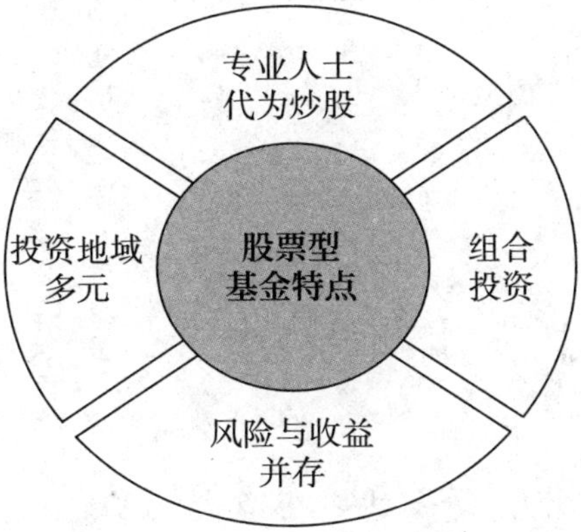

图 1–1　股票型基金的特点

一、专业人士代为炒股

对于普通投资者来说，个人炒股由于缺乏必要的专业知识，因而投资风险极大。股票型基金都是由具有专业知识的基金经理来操盘，投资者买入股票型基金，其实就相当于雇用了专业投资人士为自己炒股。

无论从什么角度来看，基金经理的投资经验都要比普通投资者更为丰富，而且专业的人做专业的事也更容易成功。从这一点上来说，对于没有那么多精力投身于投资研究的人来说，投资股票基金是一个不错的选择。

二、组合投资

组合投资、分散风险，是股票型基金显著的特点之一。每只股票型基金持有单只股票的仓位一般都不会太高，这种分散持股的方法可以有效地防范投资风险。也就是说，投资者用很少的钱实现了大额资金才能获得的资金保障。例如，投资者有 1 万元，如果用来购买股票，只能购买一只或几只股票，而且购买的股票品种越多，交易成本就越高。如果用来购买股票型基金，则相当于购买了该基金所持仓的所有股票，如图 1–2 所示。

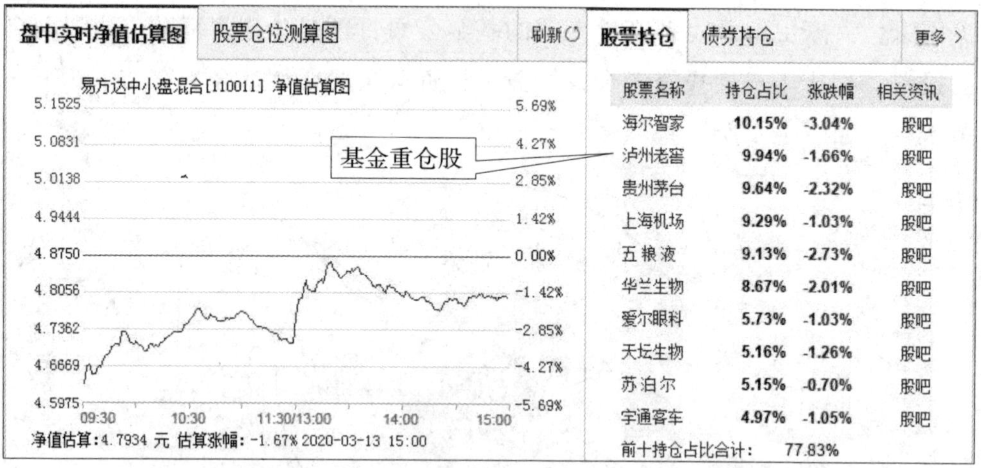

图 1–2　易方达中小盘混合基金持仓数据（来源：天天基金网）

从图 1–2 可以看出，易方达中小盘混合基金持有的股票中，仓位占比较大的贵州茅台，占总仓位的比重仍不足 10%，前十大重仓股合计占比在 77% 左右。这就意味着，投资者无论向该基金投资多少额度，都等同于购买了该基金所持有的全部股票，这在一定程度上可以起到分散风险的作用。

三、风险与收益并存

高风险、高收益是股票市场的显著特征。股票型基金主要的投资标的是各类证券股票，其净值走势与股票整体走势基本一致，因此，股票市场的风险与收益也会同步传递至股票型基金，如图 1–3 所示。

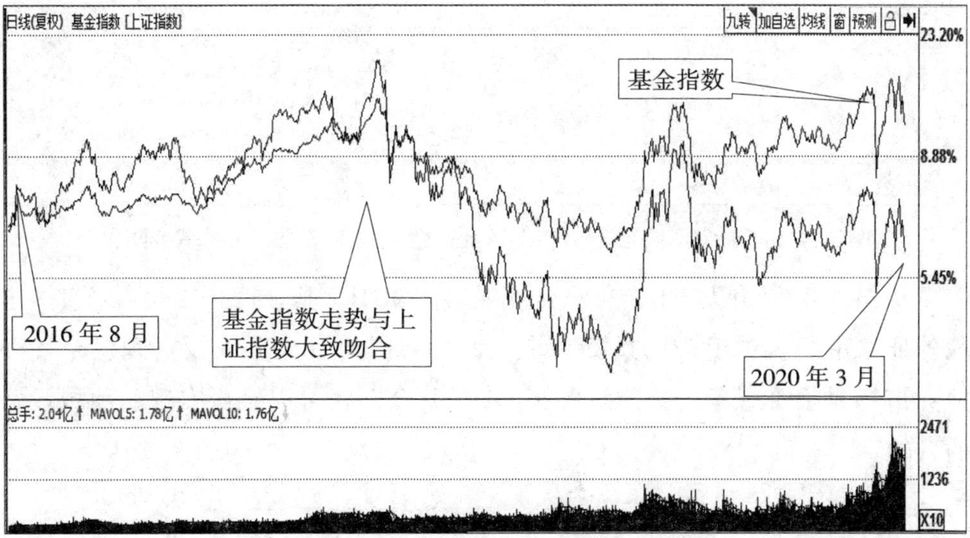

图 1–3　股票基金指数与上证指数走势对比

图 1–3 所示为基金指数与上证指数从 2016 年 8 月到 2020 年 3 月的日线走势对比。从图中可以看出，基金指数的运行态势与上证指数基本一致。当上证指数上升时，基金指数同步上升；反之，也会同步下降。不过，相对于上证指数，基金指数的走势更为强劲。也就是说，在股市处于上升趋势时，基金往往能获得更多的利润；股市下跌时，股票基金的损失相对要低一些。这也说明股票基金的操盘者即基金经理，要比普通投资者的投资经验更为丰富，也容易使资金获得更多收益。

四、投资地域多元

随着资本市场的不断开放，股票型基金的投资范围也在不断扩大。目前，投资者通过购买 QDII 基金，可以实现投资境外股市的目的。图 1–4 所示为华夏全球股票（QDII）基金的重仓股名单。

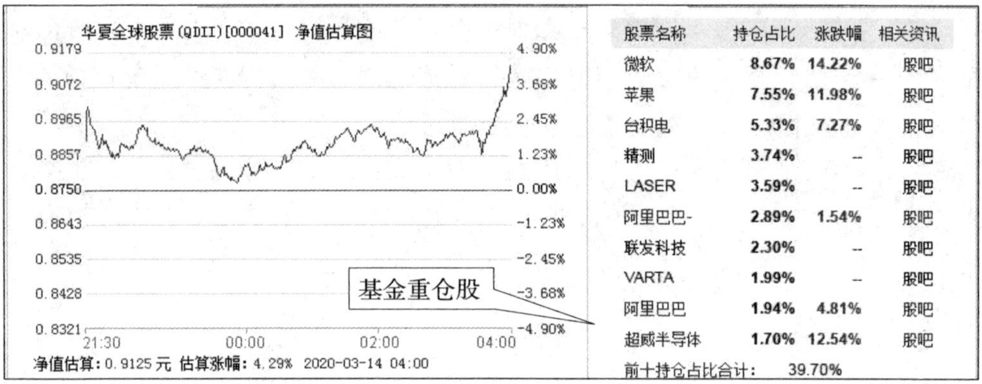

图 1–4　华夏全球股票（QDII）基金持仓数据（来源：天天基金网）

从图 1–4 中可以看出，华夏全球股票（QDII）基金持有的股票来自多个境外证券市场。对于普通投资者来说，将有限的资金分散投资到多个境外证券市场是很难想象的，通过购买 QDII 基金，就可以轻松实现跨地域投资的目的。

第二节　影响股票型基金收益的因素

在众多基金中，股票型基金属于收益和风险都比较高的类型。比如，在 2019 年的股市中，大盘上涨幅度为 22.30%，深证成指的上涨幅度为 44.08%，而同期的股票型基金业绩大幅高于大盘指数的涨幅。在众多公募基金品种中，有 4 只基金的净值实现了翻倍，广发基金旗下的偏股型混合基金——广发双擎升级混合 A 收益率达到了 121.69%，广发基金旗下的另一只股票型基金——广发多元新兴股票的收益率达到了 106.58%。

“炒股不如炒基金”特征越发明显，当然，这并不意味着投资股票型基金就是万无一失的，其实，投资股票型基金也有很多风险。总体来看，股票型基金的收益受以下几个方面因素的影响，如图 1–5 所示。

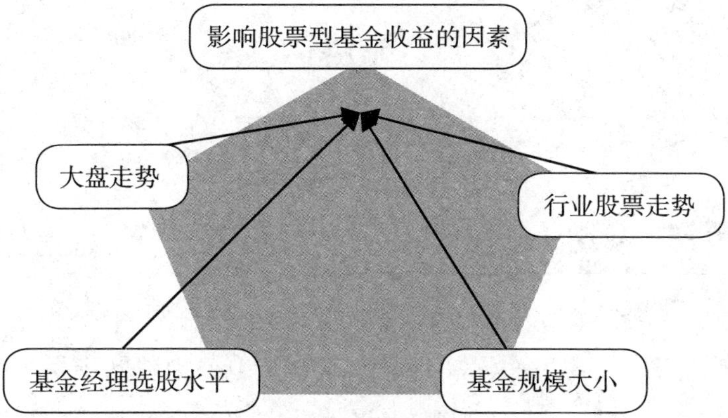

图 1–5　影响股票型基金收益的因素

一、大盘走势

股票型基金主要的投资对象为股票证券，因而，其收益水平受大盘走势的影响非常大。通常情况下，当股市处于牛市行情时，大多数股票型基金都能取得不错的收益；反之，当股市处于熊市行情时，大多数股票型基金都会出现收益为负数的情况。下面来看广发多元新兴股票净值走势与上证指数走势的对比情况，如图 1–6 所示。

上证指数自 2018 年年初启动震荡下行行情，而广发多元新兴股票在此之前的 2017 年 11 月就已经开启了下跌走势。此后，两者同步震荡下行。由于股票型基金持仓股票类型存在不同，因而，部分股票型基金也可能会先于大盘启动下跌或上涨，但两者的总体趋势还是比较吻合的。

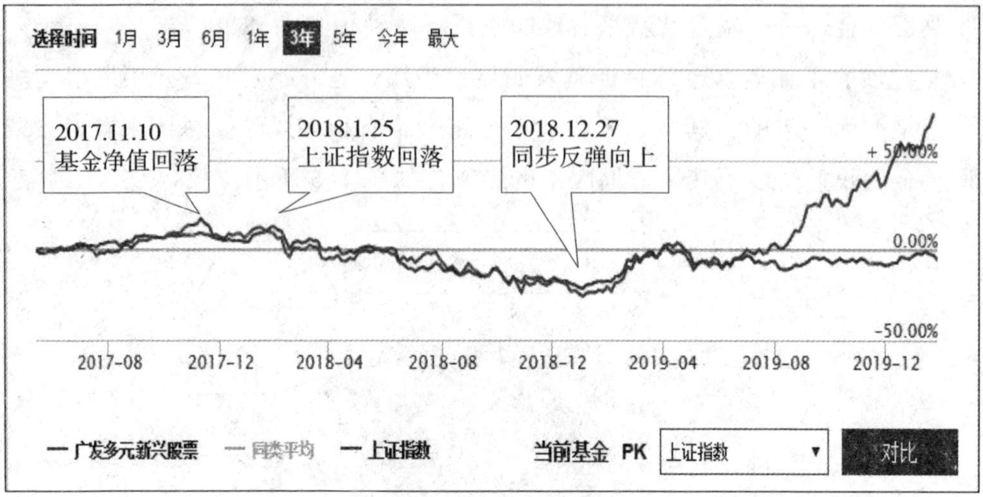

图 1–6 广发多元新兴股票基金与上证指数走势对比

2018 年 12 月底，广发多元新兴股票基金与上证指数同步拐头向上，此后，两者同步上行。不过，在上证指数上涨期间，该基金的涨幅明显高于上证指数涨幅，这与该基金持仓股票的类型以及基金经理的运作水平密不可分。

二、行业股票走势

同属股票型基金的范畴，因投资方向和投资策略不同，其选择的持仓股票也有所不同。通常情况下，股票型基金持仓的股票多属于某一行业或概念板块的股票，这些股票往往具有同涨同跌的属性。同时，尽管同属于牛市或熊市，市场上的投资风格也会有偏好。比如，在 2019 年的小牛市中，科技股属于市场上的投资主线，因而，主要投资科技领域的股票型基金的收益往往都比较高，一些主要投资其他领域的股票型基金，收益则要弱于投资科技型股票的基金。

下面来看一下国产软件概念指数的走势情况，如图 1–7 所示。

从图 1–7 中可以看出，国产软件概念指数从 2019 年 1 月 2 日的 2 012 点开盘，到了 2019 年 12 月 31 日，该指数收盘于 3 092 点，全年涨幅超过了 50%。也就是说，该板块内的股票平均涨幅达到了 50%。投资于该领域内股票的基金，往往都能获得不错的收益。

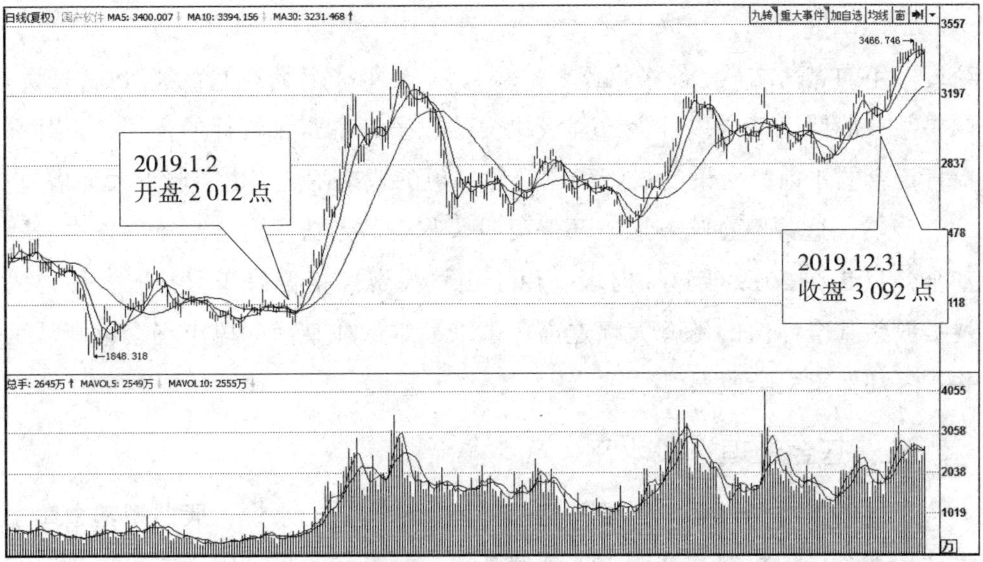

图 1–7　国产软件概念指数走势情况

此外，也有一些股票型基金受制于本身的投资安排，定向投资于其他领域，比如环保领域。下面再来看一下环保工程指数的走势情况，如图 1–8 所示。

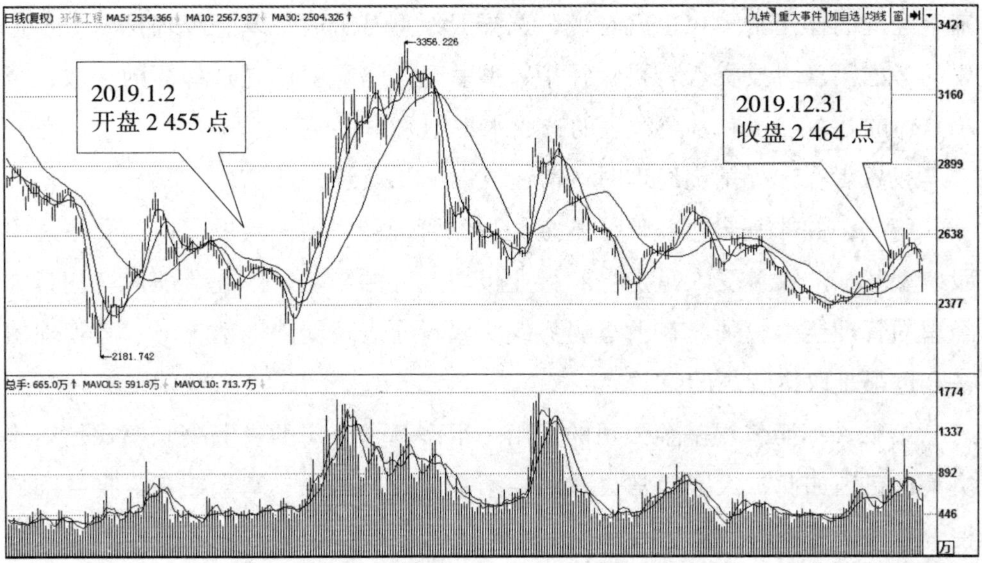

图 1–8　环保工程概念指数走势情况

从图 1–8 可知，环保工程概念指数在 2019 年 1 月 2 日开盘于 2 455 点，经过一年的震荡之后，最终收盘于 2 464 点，全年涨幅不到 1 个点。也就是说，如果某只股票型基金以环保工程板块内的股票为主要投资标的，那么，其涨幅肯定会弱于前面所说的投资于国产软件类的股票基金，也会弱于大盘指数。

当然，这并不意味着未来环保类股票基金的走势一定会弱于科技类股票基金，只是在 2019 年这一时段，由于市场投资风格偏好于科技股，使得科技类股票基金净值的涨幅大幅走高。未来，难保在某一时段市场会重新认可并看好环保工程类股票。

三、基金经理选股水平

单纯的股票型基金与指数型基金不同，从本质上来说，股票型基金属于主动型基金，指数型基金属于被动型基金。两者最明显的区别在于，股票型基金的基金经理可以主动选择目标股票，自主确定个股的仓位占比。指数型基金则不同，指数型基金的基金经理只需紧盯基金所参照和跟踪的指数，不能自由调整所投资的股票和持仓比重。换句话说，单纯的股票型基金更考验基金经理的操作水平。也就是说，选择股票型基金时，基金经理是一个很重要的考虑因素。投资者若要选择指数型基金，最重要的是选择标的指数，至于具体的基金公司和基金经理的选股水平则并不重要。

投资者在选择基金经理时，需注意以下几点。

第一，并非基金收益低，基金经理的管理能力就一定弱。前面介绍过，股票型基金的收益受大盘走势和行业板块走势的影响，因此，即使有些基金经理的管理能力较强，在大盘弱势或所属行业表现弱势的情况下，其管理的基金也很难取得较高的收益。

第二，不能忽视基金公司的作用。很多基金公司的投资决策模式是集体决策，正因如此，大家经常会看到某家基金公司的几只基金在基金收益排名榜上非常接近，这主要是由于这几只基金投资的目标股票相似造成的。因此，当某一基金品种的收益较高时，投资者也不能将其成绩全部算到基金经理个人头上。

第三，不排除基金公司为了塑造明星经理，举全公司之力抬升某一基金经理旗下的基金品种。

大家知道，一个明星基金经理能够为基金公司带来大量的增量资金，这是普通基金经理无法比拟的，因而，很多实力雄厚的基金公司热衷于打造一个或几个明星基金经理。比如，前些年比较有代表性的“公募一哥”王亚伟，他管理的华夏大盘精选基金就曾经是市场上投资者追逐的热门基金品种。该基金品种经常封闭申购，限制资金流入。因为“公募一哥”的光环，使得其持仓股票成为市场上散户追逐的投资标的，因此，该基金每季度公布的持仓明细，都会成为市场上投资者热议的焦点，这也使得其持仓的股票在季报公布后都能获得较大的涨幅。

第四，要看基金经理在牛市的选股水平，更要看其在熊市的选股水平。往往越是熊市，越能考验一个基金经理的真正实力。在熊市，能够跑赢大盘的基金经理，才是更值得信赖的基金经理。

四、基金规模大小

基金规模大小，对基金收益水平有一定的影响。当某一基金品种的规模过大时，基金经理运作的空间就会变小，毕竟市场上可供选择的优质标的数量很少。与此同时，市场上还有很多同类基金公司的基金经理在盯着市场上的优质品种。有时，基金经理为了获得某些标的股票，不得不付出更高的价格，这都可能会造成投资收益的损失。

市场上的优质品种可能会因为众多基金公司的入驻，而成为熊市中的抗跌品种。不过，若其中某些基金公司率先选择出逃，众多基金公司有可能会蜂拥而出，造成互相踩踏的现象。一般在熊市行情的尾声，往往会出现这种情况。在这个时候，规模较大的基金受损往往会更为严重。

不过，也不能认为基金规模越小越好。当基金规模过小时，基金经理很难按照自己的投资规划完成投资布局，毕竟，只有投资组合达到一定规模时，才能发挥投资组合的作用。同时，基金规模太小时，存在被强制清盘的可能。

第三节　股票型基金投资术语

常用股票型基金投资术语包括以下几类。

一、申购、认购、超额认购、定投、赎回、巨额赎回

1. 申购

基金申购是指投资者到基金管理公司或选定的基金代销机构开设基金账户，按照规定的程序申请购买基金份额的行为。投资者买入开放申购的基金的行为，就称为申购，如图 1–9 所示。

图 1–9　申购正在开放中的基金

投资者申购开放交易中的基金的价格，由基金的单位净值加上一定的销售费用组成。如图 1–9 所示，投资者要买入该基金，需按照当时的单位净值每份 4.875 元加上一定的费用支付申购款项。投资者买入一定金额后，系统会在两个交易日（基金公司将投资者投入的资金转为基金份额需要一定的时间）内给出投资者所持有的基金份额。

2. 认购

认购与申购相似，也是一种买入基金的行为。基金认购是指投资者在基

金首次募集期内购买基金的行为。通常情况下，基金在正式宣布成立前，都有一个基金募集期，投资者在此期间购买的行为属于认购，如图 1–10 所示。

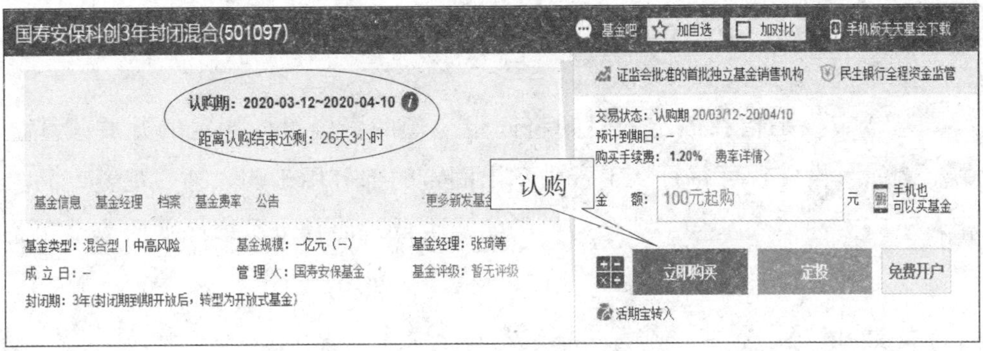

图 1–10　认购募集期内的基金

从图 1–10 中可以看出，国寿安保科创 3 年封闭混合基金距离结束认购还有 26 天。也就是说，在给出的最后时间之前，投资者购买该基金都属于认购行为。同时，我们也可以看出，该基金当时处于募集期，基金规模和基金单位净值都不确定。投资者投入一定的资金后，当时并不能确定持有的基金单位份额，要等到基金募集期结束，基金正式成立后，才能知道基金净额和投资者持有的份额数。投资者在认购期购入基金，在购买费用方面会有一定的优惠，其认购价格一般为基金单位价格加上一定的销售费用。

投资者认购的基金，必须要等到基金封闭期过后才能赎回，或者等到基金上市交易后才能卖出。申购的基金则可在申购成功后的下一交易日赎回。

3. 超额认购

超额认购是指在基金募集期内，投资者认购的基金份额超过基金发行量的情况。基金出现超额认购，说明市场上投资者对正在募集资金的基金比较看好，市场需求较高。当然，这种情况一般是基金公司或基金经理具有较高的声誉，也可能是该基金投资品种属于市场热门品种。

由于基金募集的资金总额不能超过预先核准的限额，因而基金出现超额认购时，基金公司一般会通过抽签或按比例配售方式分配份额。例如，某基金预先设定的规模上限为 100 亿元，但是投资者在几个交易日内认购额度就达到了200亿元。这时，基金公司可能会采用按比例配售方式分配基金额度，那么，认购2万元的投资者则只能获得1万个基金单位份额（不考虑各项费用）。

4. 定投

基金定投是指在固定的时间将固定金额的资金投入指定的开放式基金中。例如，投资者可每月从工资中拿出固定的部分用于购入某一基金产品。相对于一次性买入基金，基金定投的门槛更低，而且也更容易平摊成本。关于基金定投的相关技巧和方法，后面还将详细介绍。

5. 赎回

赎回指投资者以自己的名义直接或通过代理机构向基金管理公司要求部分或全部退出对基金的投资，并将赎回款汇至该投资者的账户内。

通常情况下，大家所说的基金赎回指的是投资者主动赎回持有的开放式基金份额。封闭式基金投资者无法进行赎回操作。对于封闭式基金，投资者想要将手中的基金份额赎回，只有等到封闭式基金转为开放式基金，或者通过二级市场卖出手中的基金份额。

6. 巨额赎回

巨额赎回是指当开放式基金在某一交易的净赎回量（赎回申请总数扣除申购申请总数后的余额）超过基金规模的10%时，基金管理人可以在接受赎回比例不低于基金总规模10%的情况下，对其余的赎回申请延期办理。通常情况下，基金公司会预先准备一定的余额用于应对投资者的赎回，不过，当投资者大量赎回基金时，基金公司则需要更多的时间将手中的资产变现。

作为投资者，若因巨额赎回而面临延期赎回时，可以采取的措施包括连续赎回或取消赎回。连续赎回是指当基金公司当日无法满足投资者赎回申请时，顺延至下一个交易日继续申请赎回基金。

二、基金份额、基金单位净值、累计净值、估算净值

1. 基金份额

基金份额是指基金发起人向投资者公开发行的，表示持有人按其所持份额对基金财产享有收益分配权、清算后剩余财产取得权和其他相关权利，并承担相应义务的凭证。例如，投资者向基金公司支付 10 000 元用以认购基金，那么，即使基金的单价为 1 元，投资者所持有的基金份额也不会是 10 000 份，而是 9 950 份左右（考虑手续费等因素）。其后，投资者依照持有的这些基金份额，享受基金运作过程中带来的各种权益。

基金份额也称为基金单位。1 个基金份额就是 1 个基金单位。

2. 基金单位净值

基金单位净值是指每一基金份额所对应的基金净资产价值。通常情况下，开放式基金每个交易日会更新当日的基金单位净值。基金单位净值的计算公式如下：

$$基金单位净值 = 基金净资产 / 基金总份额$$

每个交易日收盘后，基金公司会根据基金所持各类有价证券的收盘价计算出基金总资产的价值，扣除当日所有费用和成本后，得出基金当日资产的净值，如图 1–11 所示。

图 1–11　基金单位净值（2020.3.13）

图 1–11 所示为景顺长城鼎益混合基金的单位净值，单位净值为 1.717 元（2020.3.13）。即截至 2020 年 3 月 13 日，该基金的单位净值为 1.717 元。也就是说，投资者在 2020 年 3 月 14 日可以查看到前一交易日（即 3 月 13 日）该基金的单位净值。

3. 累计净值

基金单位累计净值是基金单位净值与基金成立后历次累计单位派息金额的总和，反映该基金自成立以来所有的收益。比如，某只基金当日单位净值为 1.59 元，历史累计单位派息总和为 1.88 元，则其累计净值应为 3.47 元。图 1–11 中所示的景顺长城鼎益混合基金的单位累计净值为 4.508 元，也就是说，该基金当日单位净值 1.717 元与历史单位累计派息的总和为 4.508 元。

通过查看一只基金的累计净值情况，投资者可以做出如下几方面的判断。

第一，累计净值反映了基金成立以来所取得的累计收益，可以比较直观地反映出基金运作的历史表现。通俗地说，累计净值越高，说明基金管理水平越好。

第二，累计净值可以修正最新单位净值给投资者选择基金带来的困扰。最新单位净值高低并不能全面反映基金运作的情况，有的基金当日单位净值可能相对较低，但可能是由于历史累计分红较高造成的。

第三，投资者在选择基金时，不能“贪便宜”选择净值较低的基金（这样的基金可能会获得相对较多的份额，即更多的基金单位），若历史累计净值较低，说明基金经理运作水平十分有限，那么，该基金未来的运营情况也堪忧。

4. 估算净值

估算净值，顾名思义，就是一些基金网站或财经软件根据基金持仓、投资证券标的当日的价格走势、基金历史业绩表现以及一些独创的算法大致估算的实时基金净值。前面说过，基金公司会在每日收盘后给出当日的单位净值，但是有一些投资者想在盘中时段了解基金的实时净值情况，于是一些基金网站或财经软件就给出了一个估算出来的大致净值走势。通常情况下，估算的净值与实际的单位净值会存在一些误差，因此，这个估算净值只能作为投资者购买基金时的参考。

图 1–11 中的净值估算为天天基金网给出的景顺长城鼎益混合基金实时估算净值。天天基金网根据景顺长城鼎益混合基金所投资的标的价格变动情况，计算出该基金当日实时的基金估算净值为 1.7072 元。这个 1.7072 元并不是该基金当日精确的最新净值，而是天天基金网估算出的。投资者要想知道该基金当日精确的净值，需要在股市收盘后由基金公司给出。

三、上市交易、场内、场外、基金转换、转托管

1. 上市交易

上市交易是指基金合同生效后，投资者通过证券交易所会员单位以集中竞价的方式买卖基金份额的行为。也就是说，基金上市交易后，投资者可以像交易股票一样在证券交易所交易基金。

2. 场内

场内是指通过证券交易所内具有相应业务资格的会员单位，利用交易所交易系统办理基金份额申购、赎回和上市交易的场所。通过该场所办理基金份额的申购、赎回，也称为场内申购、场内赎回。通俗来说，场内交易就是要投资者像交易股票一样在交易所内交易基金。

3. 场外

场外指通过证券交易所系统外的销售机构办理基金份额认购、申购和赎回的场所。通过该场所办理基金份额的认购、申购、赎回，也称为场外认购、场外申购、场外赎回。比如，投资者在基金销售公司或者通过支付宝、腾讯理财通等渠道申购或赎回基金等，都属于场外交易基金行为。

4. 基金转换

基金转换指基金份额持有人按照本基金合同和基金管理人届时有效公告规定的条件，申请将其持有的基金管理人管理的某一基金的基金份额转换为基金管理人管理的其他基金的基金份额的行为。

例如，投资者持有易方达基金公司的 A 基金，现在申请转换为易方达基金公司的 B 基金，这就属于基金转换。通常情况下，这种基金转换的手续费要低于正常的赎回基金再申购基金的费用。

5. 转托管

转托管指基金份额持有人在本基金的不同销售机构之间实施的变更所持基金份额销售机构的操作。

转托管需要投资者在两个基金销售机构开立账户，而且投资者转出的基金单位须为基金账户的可用余额，且每次只能选择一只基金的部分或全部基金单位进行转托管。投资者转出的基金单位一经受理即被冻结，投资者办理转托管时须填写基金份额。

基金转托管的费用通常高于基金转换，包括赎回费和申购补差费等。

四、开放式、封闭式

基金运作方式是指基金在运行和操作过程中采用的工作方式。基金的运作方式主要分为开放式基金与封闭式基金。用通俗的话为开放式基金和封闭式基金做一个区分，可以这样解释：投资者是否能够通过一级市场或场外市场随时申购和赎回基金，若能随时申购与赎回，就属于开放式基金；若不能随时申购与赎回，则属于封闭式基金。

1. 开放式基金

开放式基金又称共同基金，是指基金发起人在设立基金时，基金单位或者股份总规模不固定，可视投资者的需求，随时向投资者出售基金单位或者股份，并可以应投资者的要求赎回发行在外的基金单位或者股份的一种基金运作方式。

开放式基金是目前市场上的主流基金运作方式。投资者借助基金销售机构、支付宝、腾讯理财通等移动支付工具随时可申购或赎回的基金，都属于开放式基金。

当然，开放式基金也并不是所有的时间都开放申购与赎回。一般情况下，开放式基金在募集资金结束宣布成立后，都有一段时间的封闭期。这个封闭期相对较短，为一个月到三个月不等。封闭期结束后会立即转为开放，投资者即可进行申购与赎回操作。

图 1–12 所示的汇添富消费行业混合基金的交易状态为开放申购、开放赎回，说明投资者可以在交易时间内随时申购与赎回该基金。该基金属于典型的开放式基金。

图 1–12 开放中的基金

2. 封闭式基金

封闭式基金是指基金发行总额和发行期在设立时已确定，在发行完毕后的规定期限内，发行总额固定不变的证券投资基金。封闭式基金的投资者在基金存续期间不能向发行机构赎回基金份额，基金份额的变现必须通过证券交易所上市交易来实现。基金单位的流通采取在证券交易所上市交易的办法，投资者日后买卖基金单位，都必须通过证券经纪商在二级市场上进行竞价交易。投资者若要交易封闭式基金，需像交易股票一样在证券公司开户，通过二级市场交易基金。封闭式基金的交易价格一般与基金净值存在差异，因其在二级市场交易，必然会受到供求因素的影响而出现一定的浮动。

图 1–13 所示的嘉实元和直投封闭混合基金的交易状态为场内交易。说明投资者不能通过基金销售机构申购或赎回基金，只能在二级市场像买卖股票一样交易基金。该基金属于典型的封闭式基金。

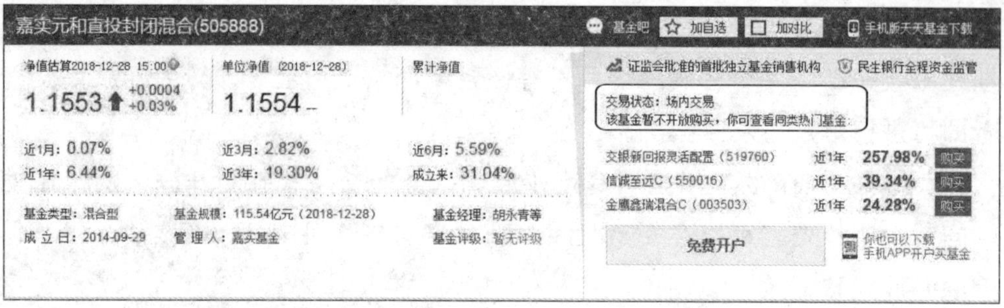

图 1-13　封闭式基金

由于大部分纯封闭式基金业绩并不理想，造成市场上封闭式基金品种越来越少。笔者也不建议投资者投资封闭式基金。目前，市场上大部分封闭式基金都是定期开放的封闭式基金或定期封闭式基金，如三年定开型基金或封闭三年后转为开放式的基金品种。

五、成长型、收入型、平衡型

收益与风险总是相辅相成。追求不同的投资收益，必然会带来不同的投资风险。按照基金投资目标的不同，可将基金大致划分为成长型基金、收入型基金和平衡型基金。

1. 成长型基金

成长型基金是以追求资金长期成长为目标的基金。该基金一般投资于成长性较佳、信誉较好的上市公司的股票。不过，成长型基金的收益情况受股市波动影响较大。当股市处于牛市时，成长型基金的收益也会随之大幅上升；反之，当股市处于熊市时，成长型基金的收益则会大幅下跌，甚至出现亏损。

通常情况下，成长型基金比较适合那些风险承受能力较强、追求高收益的基金投资者。

2. 收入型基金

收入型基金是主要投资于可带来现金收入的有价证券的基金。该类基金以追求稳定收入为核心目标，因此其投资方向多为绩优股、国债、企业债、可转让大额存单等。通常情况下，收入型基金的收益较为稳定，风险较低，但相比成长型基金，其收益水平普遍较低。

3. 平衡型基金

平衡型基金是指以达到投资风险与收益相对平衡为目标的基金。该类基金的投资范围既涵盖了成长型基金投资范围中的普通股，又包含了收入型基金投资范围中的各类债券、绩优股等投资标的。

平衡型基金除了一般标准的平衡型资产配置（即普通股投资占比 50%，债券类投资占比 50%）外，还有一些基金会在资产配置时有所侧重。例如，有普通股投资占比达到 60% 甚至更高的偏股型平衡型基金，也有债券类投资占比更高的偏债型平衡型基金。

投资者要查看基金的资产配置情况，可在基金网站或炒股软件中该基金页面点击【资产配置】菜单，查看基金的资产配置情况。图 1–14 所示为博时平衡配置混合基金的资产配置图。

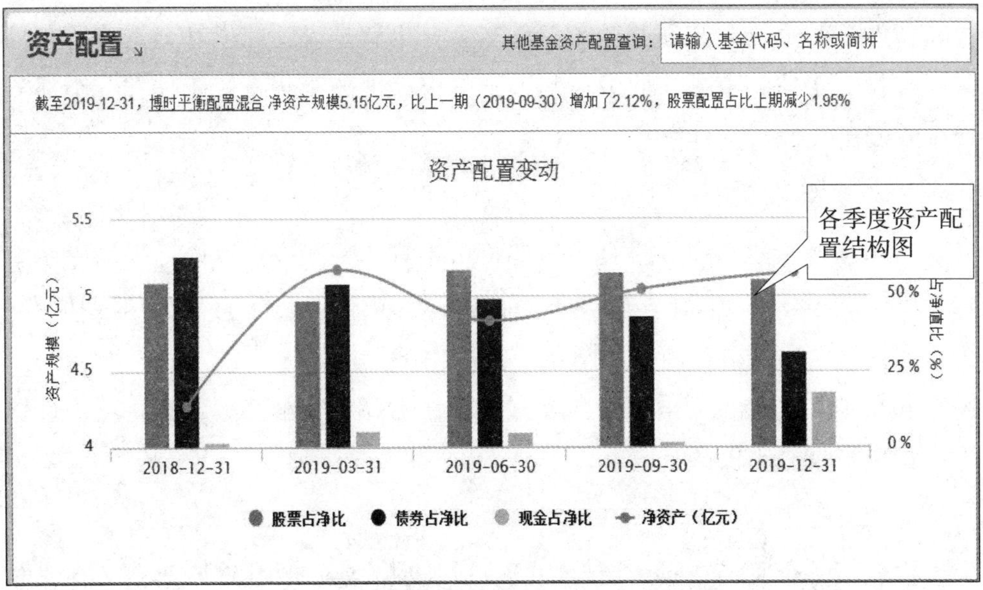

图 1–14　博时平衡配置混合（050007）基金

从图 1–14 中可以看出，该基金投资的范围包括股票和债券，但投资股票所占比例高于债券，说明该基金属于偏股型平衡型基金。也就是说，该基金的收益受股市波动影响较大。

六、股票型、债券型、货币型、混合型、FOF 基金

基金的投资对象在基金审批前就已经确定。通常情况下，基金合同会约定投资对象的范围以及各类投资标的所占基金总额的比例。

1. 股票型基金

股票型基金是指投资于股票市场的基金。按照新的基金仓位管理规定，股票型基金所持股票的总仓位必须达到基金资产的 80%。也就是说，股票型基金必须将募集的资金中的 80% 用于投资股票。

2. 债券型基金

债券型基金是指主要投资于国债、金融债的基金。相对于股票型基金，债券型基金的收益相对稳定，收益也相对较低，所以又被称为“固定收益基金”。

有些债券型基金也可将部分资金投资于股票，根据投资股票比例的不同，可将债券型基金分为纯债基金和偏债基金。也就是说，纯债基金是将所有募集资金投资于债券市场，而偏债基金则是将大部分资金投资于债券，小部分资金投资于股票。

3. 货币型基金

货币型基金是指主要投资于短期货币工具（一般一年以内，平均周期为 120 天）的基金，如国债、央行票据、商业票据、银行定期存单、政府短期债券、企业债券（信用等级较高）、同业存款等。

相比债券基金，货币型基金具有流动性更高、安全性更好的特点，且货币型基金的收益比较稳定。

4. 混合型基金

混合型基金是指在投资组合中既有成长型股票、收益型股票，又有债券等固定收益投资的基金。相对于单纯的股票型基金或债券型基金，混合型基金的投资方向更为多元，资产配置也会兼顾收益与资金安全。混合型基金免去了投资者在购买基金时需要同时购买股票型基金和债券型基金才能保障资金安全兼顾收益的问题。

当然，相对于股票型基金，混合型基金在牛市时收益会相对偏低，但其安全性更好，属于中度风险的理财产品。

5. 基金中的基金（FOF）

FOF 基金是一种以基金为投资标的的基金。这类基金筛选市场上的现有基金，选择合适的投资标的进行投资。

FOF 基金专门投资于各类基金，并间接投资于各类股票、债券、货币工具等。不过，相对于其他基金，FOF 基金的投资相对复杂，在牛市时收益低于股票型基金，但其安全性相对较好。

图 1–15 为华夏聚惠（FOF）A 基金的持仓情况。从图中可以看出，该基金的持仓均为各类基金品种。由此可见，该基金是一种专门投资于各类基金的基金。

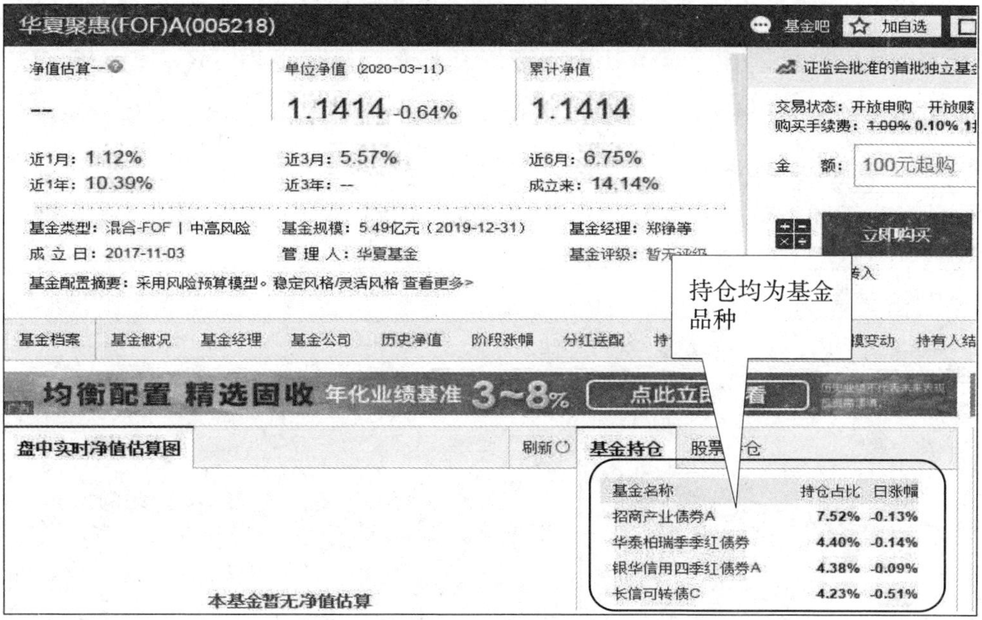

图 1–15　华夏聚惠（FOF）A 基金（005218）

七、主动型、被动型（ETF 基金）

对于基金管理人来说，市场平均业绩表现是一个衡量其投资成果的重要标尺。也正因如此，市场上的基金品种也可以大致分为两类：其一，以追求平均业绩表现为目标的被动型基金；其二，以追求超过平均业绩表现为目标的主动型基金。

1. 主动型基金

主动型基金是指基金经理希望通过更加合理的投资规划与配置，达到超越平均业绩基准的投资收益水平的基金。也就是说，主动型基金的基金经理会根据核准的基金投资范围，结合个人投资理念和规划配置各类证券资产，以实现投资收益的最大化。

主动型基金的收益与基金经理的操作水平密不可分，因而，投资者在选择主动型基金时，需要重点考虑基金管理公司、基金经理的历史业绩，以判断其能否实现超越平均业绩基准的承诺。

图 1–16 所示为易方达中小盘混合基金的收益走势与同类基金平均走势、沪深 300 走势的对比。易方达中小盘混合基金以超越平均市场表现为目标，属于典型的主动型基金。从该基金的历史收益走势图可以看出，该基金的收益走势与同类基金平均走势、沪深 300 指数走势大致相同，但该基金的收益水平明显高于同类基金平均水平，说明该基金的运营水平较高，属于绩优品种。

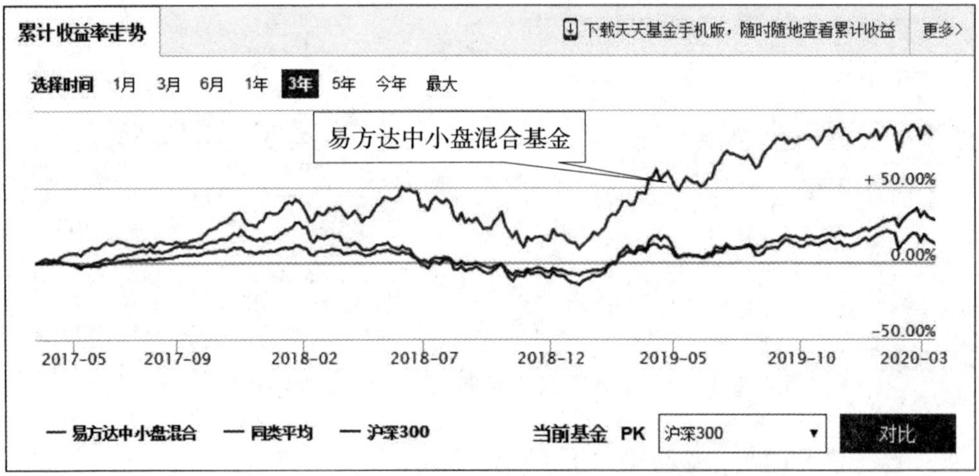

图 1–16 易方达中小盘混合（110011）基金收益走势

2. 被动型基金

被动型基金又称指数型基金，一般选取特定的指数成分股作为投资对象，不主动寻求超越市场的表现，而是试图复制指数的表现。也就是说，被动型基金并不会像主动型基金一样，为了更高的收益去配置资产，而是按照某一指数构成及权重来配置资产。

在指数型基金中，有一类基金可以上市自由交易，即开放型指数基金，简称 ETF 基金。总体来说，指数型基金的走势基本与所复制的指数走势一致。

图 1–17 所示为南方中证 500ETF 基金的收益走势与同类基金平均走势、中证 500 走势的对比。南方中证 500ETF 基金以复制中证 500 指数走势为目标，属于典型的被动型基金。

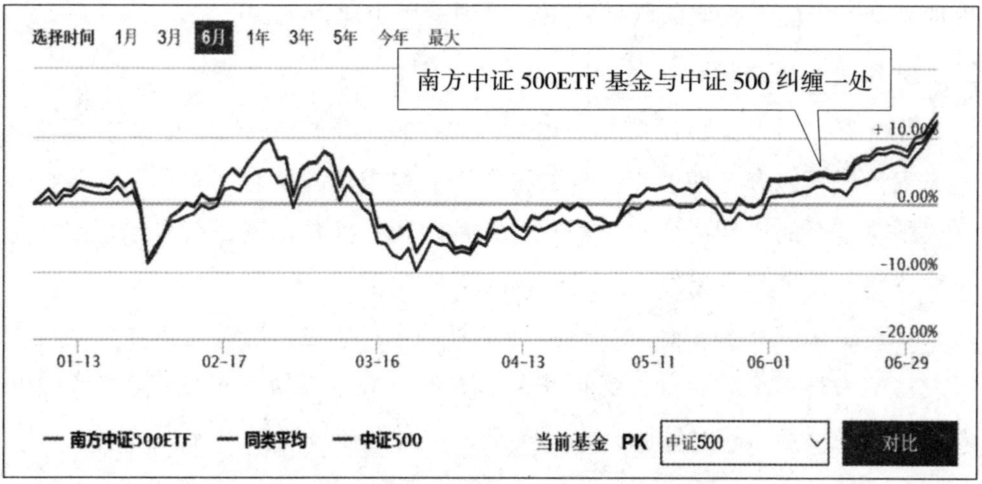

图 1–17　南方中证 500ETF（510500）基金收益走势

从该基金的历史收益走势图上可以看出，该基金的收益走势与中证 500 指数走势相同，但在熊市期间该基金的收益水平略低于同类平均水平。

八、公募基金、私募基金

1. 公募基金

公募基金是指以公开方式向社会公众投资者募集资金并以证券为投资对象的证券投资基金。常见的基金多数属于公募基金，这些公募基金都是经过证监会批准的，且在法律严格监管下运行，投资者能够及时获得基金的运营信息。这类基金运行比较规范，投资者的资金安全较有保障。本书中如无特殊说明，所提及的基金均指公募基金。

2. 私募基金

私募基金是一个与公募基金相对的概念，私募基金是指私下或直接向特定群体募集的资金。与公募基金不同，私募基金不接受大众的投资，只接受特定群体的投资。在我国，私募基金也受政府的严格监管，不过，相对于公募基金，私募基金的投资领域比较广泛，比如房地产业、创投领域等风险较大的领域都可以投资。

私募基金比公募基金的收益更高，风险也更大。不过，私募基金的服务更加周全，当然，收取的服务费用、管理费用也比较高。

3. 阳光私募基金

阳光私募基金是借助信托公司发行的、经过监管机构备案、资金实现第三方银行托管、有定期业绩报告的投资于股票市场的基金，阳光私募基金与一般私募基金的区别主要在于规范化、透明化。换句话说，阳光私募基金是一种按照与公募基金相似的方式运行的私募基金。

不过，阳光私募基金毕竟是一种私募基金，它也是向特定少数合格投资者发售的一种基金。例如，有的阳光私募基金要求投资者最低投资额为100万元，有些影响力较大的阳光私募基金，投资门槛高达三四百万元。

第二章

股票型基金的分类及运作

股票型基金并不会将市场上所有股票都列为投资对象或者筛选对象。每只股票型基金都有各自的投资方向，这种方向与股票型基金创建时所制定的投资策略有关。

第一节　股票型基金的投资策略

股票型基金在成立伊始就会设定自身的投资策略。这些投资策略有的偏向于激进，有的则趋于保守，但总体上来看，大致包括三个类型，如图 2-1 所示。

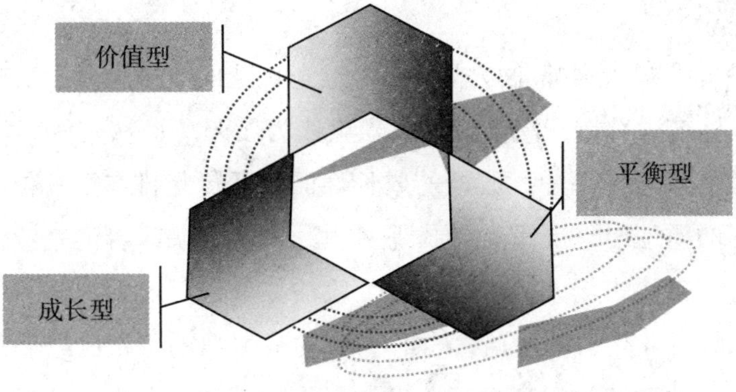

图 2-1　股票型基金投资策略

一、价值型

价值型投资策略是很多股票型基金比较倾向的投资策略，毕竟基金持有股票的时间通常比较长，而价值型投资策略在长期持仓中更容易显现其固有的优势。通常情况下，坚持价值型投资策略的股票型基金具有如下几个典型特点。

第一，以价值投资作为选股依据。价值投资理论是由格雷厄姆首创并经巴菲特的成功运用而发扬光大的，是一种以股票内在价值为基础的投资理论。

运用该理论的投资者希望找到股票价格低于其内在价值的股票，以求获得足够的安全边际，从而实现投资盈利的目的。通常情况下，在熊市时期，按照价值投资理论建仓的基金，总能在其后的牛市中获得不菲的收益。

第二，长期持仓是其显著的特点。由于股票的价值只有在长期持仓的情况下才能体现出来，因而，该理论也要求投资者能够长期持有。

第三，持仓偏重于白马股和超级绩优股。在以往的历史走势中，不止一次证明过，长线白马股和超级绩优股往往都是内在价值较高的股票，这类股票往往成为价值型股票基金的投资首选。比如，贵州茅台、五粮液、格力电器、万科 A 等，往往是价值型股票基金持仓的优先备选标的。

通常情况下，在三种投资策略的股票型基金中，价值投资型股票基金的收益一般来说更为稳定，风险相对较低。

二、成长型

成长型股票投资策略是以成长股为建仓首选的股票型基金。这类基金选择成长股的标准大都以费雪的成长股理论作为参照。

在费雪的思想体系中，股票的成长性而非低价是排在第一位的。投资者在分析股票的质地时，要重点寻找那些盈利即将大幅改善的企业，最好是盈余改善即将到来而市场并未推动股价上攻的标的股。比如，某只股票的市盈率可能达到了行业均值的两倍，表面上看，这只股票的价格已经偏高了，但是，若该企业的业绩增速远远高于行业平均水平的两倍，那么，这只股票就是一只非常值得投资的优质标的。

当然，若未来这只股票的成长性减弱，则其高市盈率将难以维系。其实，这也是消费品领域很多白马股市盈率很低，而生物医药板块中业绩并不突出但市盈率很高的原因所在，即很多消费品企业的市场占有率已经接近行业天花板了，继续增长变得十分困难；反之，在生物医药领域，很多企业研发的新药具有很大的市场潜力，因而，维持高市盈率是一种十分正常的现象。

也就是说，在成长型股票基金的持仓中，科技类股票、生物医药类股票往往会成为其首选的压仓标的，比如长春高新、恒瑞医药、深南电路，都可能成为其重仓股。当然，由于成长股选择标准存在不同，各家基金公司对成长股的选择也会有所不同。

通常情况下，在三种投资策略的股票型基金中，成长型股票基金选股更为激进，其收益可能最高，但风险肯定也是最大的。

三、平衡型

平衡型投资策略是介于价值型投资策略和成长型投资策略之间的一种投资策略。运作这种基金的基金经理在选择股票时可能更为灵活，会基于价值投资理论选择一部分股票，再基于成长股理论选择一部分股票。当然，这类基金也可能在某一时段全部基于价值型投资理论建仓，在另一时段又全部切换为成长股理论。不过，在市场上，也有一些股票同时兼具价值型投资和成长型投资的特点。特别是在熊市的尾声，无论是绩优股还是成长股，都会经历规模较大的下跌，这种时候，平衡型基金往往更容易挑选到优质的标的。

相对而言，在三种投资策略的股票型基金中，平衡型股票基金的收益和风险可能介于价值型和成长型股票基金之间。至于具体的单只基金的收益情况，还与基金公司和基金经理的运作有关。

第二节　股票型基金的主要投资方向

股票型基金的投资方向比较确定，其主要投资标的为上市公司公开发行的股票。本节主要研究股票型基金的具体投资方向。

一、大盘股、中小盘股

按照股票盘子的大小，可将市场上的股票划分为大盘股、中盘股和小盘股。通常情况下，一些央企或规模较大、效益较好的股票，大多属于大盘股的范畴；反之，一些新兴的，正处于上升期的股票，很多属于中小盘股票的范畴。

1. 股票的特征

大盘股由于盘子较大，业绩趋于稳定，因而，这类股票的走势相比中小盘股票更稳健。

中小盘股票与大盘股存在明显的不同。这类企业正处于上升期，业绩并不稳定，可能出现大幅上涨情况，也可能出现大幅回撤。这种并不稳定的业绩，也会在股票的价格走势上得到反应。也就是说，相比于大盘股，中小盘股票的价格走势非常不稳定，更容易出现大涨大落的情况。

2. 各类股票基金的特征

大盘股与中小盘股走势存在明显的区别，因此很多基金公司有针对性地设计了一些专门以投资大盘股为主的股票型基金和以投资中小盘股为主的股票型基金。以投资大盘股为方向的股票型基金，基金净值的波动也同样小于以投资中小盘股为主的股票型基金。通常情况下，在上升趋势中，以投资中小盘股为主的股票型基金表现会更好；反之，在下跌趋势中，以投资大盘股为主的股票型基金表现相对会好一些。毕竟在下跌趋势中，几乎所有的股票型基金都会出现下跌走势，甚至出现全部基金的净收益增长率为负值。比如，2018 年整个股票型基金排名中，净收益率第一名的基金的净收益增长率也同样是负值。

图 2–2 所示为易方达中小盘混合基金和沪深 300 指数从 2015 年 6 月到 2020 年 3 月之间的走势对比。从图中可以看出，易方达中小盘混合基金的波动幅度远远超过沪深 300 指数。不过，在 2018 年下半年，易方达中小盘混合基金的跌幅超过了沪深 300 指数，而在此后的反弹走势中，易方达中小盘混合基金的涨幅又远远超过了沪深 300 指数。由此可见，中小盘股票的走势波动性要远远超过大盘股（沪深 300 指数中，绝大多数股票为大盘股）。

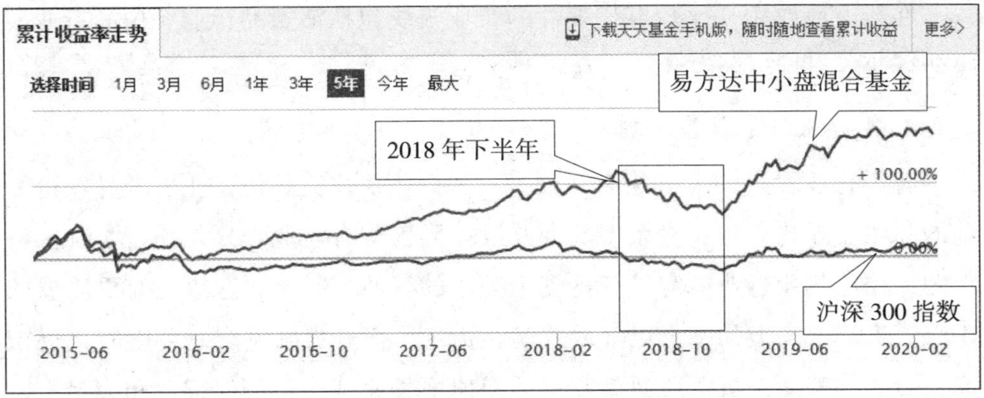

图 2-2　易方达中小盘混合基金与沪深 300 指数走势对比

二、行业股

在非单边行情中，各类行业板块往往会呈现出百花齐放的状态。其实，投资者回顾股市历史走势就会发现，单边牛市或熊市的时间都比较短，更多的时间是震荡行情。在震荡行情中，往往会出现各类行业板块轮动的情况。也正因如此，以行业股票为投资对象的基金也是众多股票型基金中比较有代表性的一种。

1. 行业股票的特征

由于行业不同，且很多行业具有明显的周期性，这就使得这类股票的走势常常具有比较鲜明的特点。具体包括以下两项。

第一，周期性。很多行业的股票都具有明显的周期性，当某一行业进入快速发展期时，股票市场就会迅速做出反应。

第二，联动性。股市中往往存在明显的行业关联性。当行业内某一股票出现某些利好因素后，市场资金就会根据行业关联性拉升相关行业股票的价格，从而促使整个行业板块上行。

当然，并不是所有行业都具有很大的成长空间。有些行业正处于快速发展期，资金关注的概率相对高一些，也更容易出现涨幅较大的行业；反之，一些夕阳行业，则通常很难出现大规模的上升行情，它们只会在整个股市处于牛市时走出跟随性的上升走势。

在行业股票中，比较有代表性的行业板块包括消费品行业、白酒行业、医药行业、银行、证券、科技互联网、芯片等。

2. 各行业股票基金的特征

各类行业股票的走势并不一致，一些行业往往比其他行业更容易获得资金的关注。因此，行业股票型基金并没有涵盖所有行业，只是涵盖了一些特殊的、相比其他行业更容易获得资金关注的行业。其实，这里还有更重要的一点，目前市场上的基金以开放式基金为主，而开放式基金是要随时接受市场检验的，若某一行业股票型基金的净值增长速度快于其他行业和大盘，则更容易获得投资者的青睐；反之，若某一行业股票型基金的净值增长速度慢于其他行业或大盘，投资者可能会选择赎回基金，这样基金就无法继续运营了。正因如此，市场上大多数行业基金都集中在比较热门的行业中。

下面来看一下汇添富医药保健混合基金与上证指数的走势对比，如图 2–3 所示。

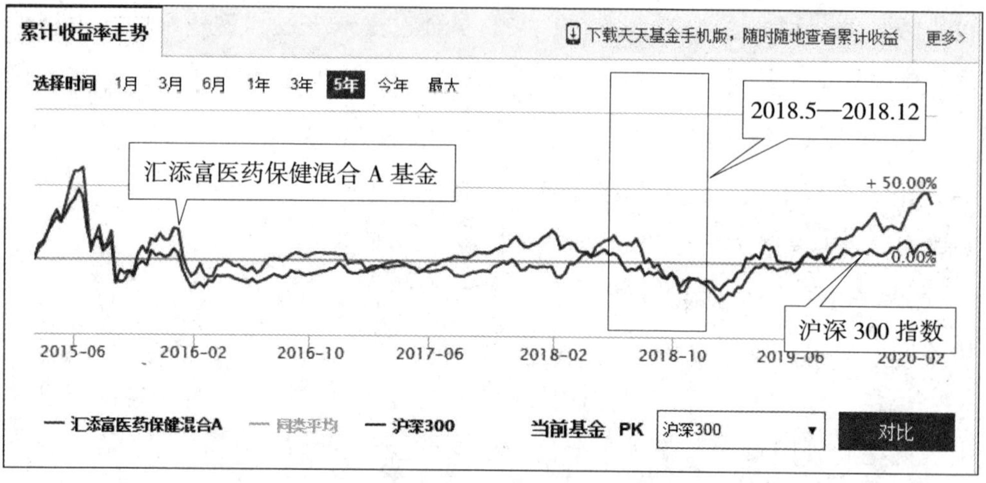

图 2–3 汇添富医药保健混合 A 基金与沪深 300 指数走势对比

从图 2–3 中可以看出，汇添富医药保健混合基金在 2018 年之前的走势弱于沪深 300 指数。从 2018 年 5 月中旬到 2018 年 12 月期间，尽管上证指数也呈下跌态势，该基金因医药股走出下跌行情，其下跌态势远比沪深 300

指数更猛。进入 2019 年之后，医药股因其估值出现了修复走势，使得其涨幅高于沪深 300 指数。

三、主题概念板

主题概念板是指具有某一共同主题或概念、特征的股票集合。通常情况下，在同一板块内的股票具有同涨同跌的特点。

1. 主题概念股票的特征

一般情况下，某些主题概念可能在某一时段受到很多资金的青睐而出现大幅上升走势。概括起来，主题概念类股票具有如下几项特征。

第一，轮动性。通常情况下，各个主题概念板块内的股票会出现明显的轮动性上涨行情。某一时间段内可能某一概念板块内的股票会出现明显的上升行情，另一时间段可能又会轮到下一概念板块。轮动的时间有长有短，若某一主题概念板块能出现长时间的上涨行情，则意味着该概念板块属于领涨概念。不过，若各个概念板块轮动速度加快，则说明市场缺乏持续性的热点，整个市场属于弱势市场。

第二，联动性。与行业股票相似，主题概念板块内的股票也往往存在明显的关联性。当某一主题概念板块内某一股票出现某些利好因素后，市场资金就会根据概念关联性拉升相关股票的价格，从而促使整个主题板块上行。

2. 各主题板块股票基金的特征

尽管市场上的股票被划分为很多不同的主题概念板块，事实上，能够吸引资金长期关注并形成独特走势的主题或概念并不多。从这个角度来说，市场上大多数具有共同主题概念的股票，很难长时间走出比较独立的行情。其实这也是市场上主题概念类股票基金相对较少的原因。当然，一些与国家长期规划或战略相关的主题概念属于比较特殊的品种，这些主题概念可能在未来若干年内成为资金炒作的主线，因而，很多基金公司以此类概念为核心成立股票基金，如一带一路、中国制造 2025、人工智能等。

下面来看一下大成一带一路灵活配置混合基金与上证指数走势对比，如图 2–4 所示。

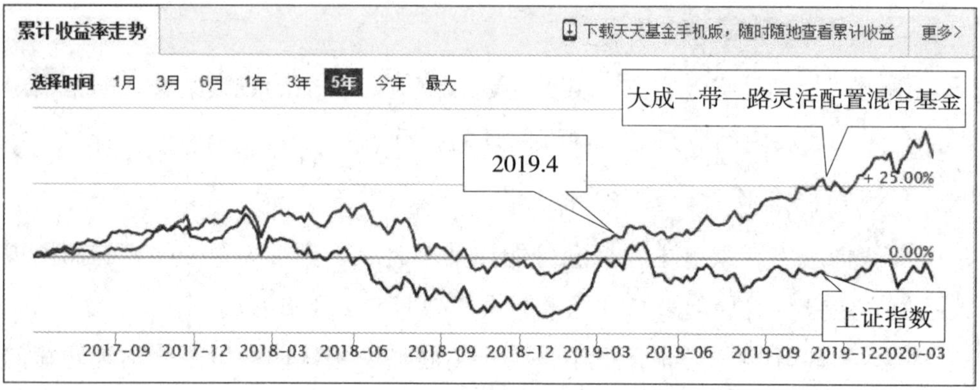

图 2–4 大成一带一路灵活配置混合基金与上证指数走势对比

从图 2–4 中可以看出，大成一带一路灵活配置混合基金在 2019 年 4 月之前的走势与上证指数基本吻合。自 2019 年 4 月中旬后，该基金受益于一带一路概念走热，开始表现出强于大势的上涨行情。其后，该基金净值波动与上证指数相似，但其一直运行于上证指数的上方。

四、混合类

混合类股票型基金是股票基金中一个非常重要的分类。混合类基金与行业类、主题类的股票基金相比，操作空间更大，对股市波动的应对也更加从容。

前面介绍过混合型基金。该类基金可以将成长型股票、收益型股票以及固定收益类债券等多项投资统一起来。投资者通过购买一种基金，就可以实现多元化投资的目的。混合基金可以在股市上升期间大量持仓股票以获得更好的收益，在股市下跌期间通过持有固定收益类债券来获得相对稳定的收益。

混合类基金主要分为两类。

第一，全品类混合基金。基金在成立时，并没有设定投资股票的类别，因而，整个市场上的股票都可能成为该类基金的投资标的。通常情况下，该类基金的股票持仓会占到 60% 以上，最高可以达到 95%。其余仓位用于投资债券类固定收益产品。投资者查看该类产品的介绍或招募说明书，就可以获知具体的投资配置规划。

第二，分类混合基金。基金在成立时，直接设定了投资股票的类别，如中小盘股票、消费板块股票或医药板块股票等。该类基金的股票持仓占比与全品类混合基金相同，但其全部投资标的将集中于事先设定的类别。例如，行业混合基金的股票投资对象主要是将一些行业股票进行混合投资。

下面来看一下国泰金龙行业混合基金的净值走势与沪深 300 指数走势对比，如图 2–5 所示。

图 2–5　国泰金龙行业混合基金与沪深 300 指数的走势对比

从图 2–5 中可以看出，国泰金龙行业混合基金的净值走势与沪深 300 指数的波动基本一致，不过，该基金在三年时间里还是取得了远远高于沪深 300 指数的涨幅。特别是从 2019 年 8 月中旬开始，该基金的净值走出了与沪深 300 相反的行情，即基金净值持续上攻，大盘指数却在不断横盘。

第三节　股票基金的运作

投资者在选择股票型基金前，需要对股票型基金的运作有所熟悉和了解，比如股票型基金挑选股票的标准、持仓限制等。

一、基金如何挑选股票

股票型基金都是按照一定的规则和标准挑选投资标的股票的，因而，投资者在选择股票型基金时，可以从股票型基金的合同中了解基金选择股票的基本逻辑。通常情况下，在基金合同中的“基金的投资”条款会有较为详细的说明。

在基金合同中的“基金的投资”中，投资者需要关注如下几方面内容。

第一，基金投资的大类。即使是股票型基金，也不会在任何时候都满仓持有股票，基金公司会根据市场环境随机调整仓位。通常情况下，股票型基金配置的资产包括股票、债券、现金等。

第二，关注基金的主要投资方向。在股票投资策略规划中，基金合同会给出具体的投资方向，比如消费类股票、智能制造类股票。像前海开源工业革命 4.0 混合基金，其投资策略描述如下：

工业革命 4.0，即以智能制造为主导的第四次工业革命，旨在通过移动互联网、云计算、物联网、大数据等新一代信息技术在制造业的集成应用，将制造业推向智能化。工业革命 4.0 将带来制造业技术、产品、工艺、服务的全方位创新，不断催生和孕育出新技术、新业态和新模式。

本基金所称的工业革命 4.0 主题相关股票是指上市公司中属于计算机、通信、电子、机械设备、家用电器、汽车和轻工制造行业的股票。

从上述描述中可以看出，前海开源工业革命 4.0 混合基金的主要投资方向为工业革命 4.0 主题相关股票，具体包括计算机、通信、电子、机械设备、家用电器、汽车和轻工制造行业等。目前，大多数基金公司对行业的分类采用的都是申银万国行业分类标准。也就是说，该基金所投资的股票都是从上述行业中选择出来的。(申银万国行业分类标准，由申银万国证券研究所发布，包括一级行业分类 28 个、二级行业分类 104 个、三级行业分类 227 个。)

第三，关注基金的选股策略。同一行业或板块中有很多上市企业，那么，基金公司如何从众多企业中选择投资目标股也是投资者需要关注的。基金经理或基金公司不同，其选股方法也会有所不同，有的侧重于通过收益水平排名选择，有的则喜欢研判企业在行业中的排名并选出排名靠前的企业。这一点在基金合同中的“基金的投资”中也会列明。比如前海开源工业革命 4.0 混合基金，其选股策略描述如下：

本基金将精选有良好增值潜力的、与工业革命 4.0 主题相关的上市公司股票构建股票投资组合。工业革命 4.0 主题相关股票投资策略将从定性和定量两方面入手，定性方面主要考察上市公司所属行业发展前景、行业地位、竞争优势、管理团队、创新能力等多种因素；定量方面考量公司估值、资产质量及财务状况，比较分析各优质上市公司的估值、成长性及财务指标，优先选择具有相对比较优势的公司作为最终股票投资对象。

通过上述描述可以发现，前海开源工业革命 4.0 混合基金的选股策略比较接近价值型投资策略。

二、基金投资占比

由于基金需要留出足够的现金用于支持投资者的赎回操作，因此，任何一只基金都不可能将全部资产用于投资股票。目前，股票型基金最高用于投资股票资产的限额为 95%，也就是说，股票型基金必须预留 5% 的现金用于支持投资者的赎回操作。同时，即使是全部投资于股票资产的部分，也有严格的限制，即必须将足够比例的资产用于购买事先规定范围内的股票。

比如，前海开源工业革命 4.0 混合基金，关于基金投资占比的描述如下：

（1）本基金股票投资占基金资产的比例为 0～95%，投资于与工业革命 4.0 主题相关证券的比例不低于非现金基金资产的 80%；

（2）本基金每个交易日日终在扣除股指期货合约需缴纳的交易保证金后，保持不低于基金资产净值 5% 的现金或者到期日在一年以内的政府债券，其中现金不包括结算备付金、存出保证金和应收申购款等。

关于上述表述，投资者需要明确两个基本概念。

第一，股票型基金会根据市场环境调整股票的持仓占比，即从 0 到 95%（前海开源工业革命 4.0 混合基金）。95% 为持有股票的最高限，由于该基金属于混合型基金，因而对持有股票的仓位没有最低比例限制，而对于纯股票型基金，则一般会有 80% 的持仓下限，即基金资产中至少有 80% 为股票。比如嘉实低碳环保股票基金的基金合同就规定，股票资产占基金资产的比例为 80%～95%。

第二，基金经理在投资运作过程中，可能发现并投资某些质地优良且不属于本基金投资范围内的股票。但这部分股票所占仓位的比重不能过大，也就是说，基金持有的投资范围内的股票必须达到规定的限额，比如，前海开源工业革命 4.0 混合基金，投资于与工业革命 4.0 主题相关证券的比例不低于非现金基金资产的 80%。

三、基金选择股票的限制

基金经理在建仓时，不可能让单一股票占基金仓位的比重过大，一般都不会超过 10%。我们查看一些股票型基金重仓股时，就可以发现这一点，如图 2–6 所示。

从图 2–6 中可以看出，上投摩根核心成长股票的总仓位一直维持在 95% 左右，而个股占基金总仓位的比重最高为大华股份的 9.57%。也就是说，大华股份尽管占上投摩根核心成长股票基金的总仓位最高，但也没有突破 10% 的限额。当然，由于股票价格存在一定的波动性，个股所占仓位的比重也会有所波动。

同时，基金持有单一上市公司发行的证券数量，也不能超过该公司发行证券总量的 10%。超过这一限度，当上市公司遭遇黑天鹅事件时，可能会给基金带来很大的风险。

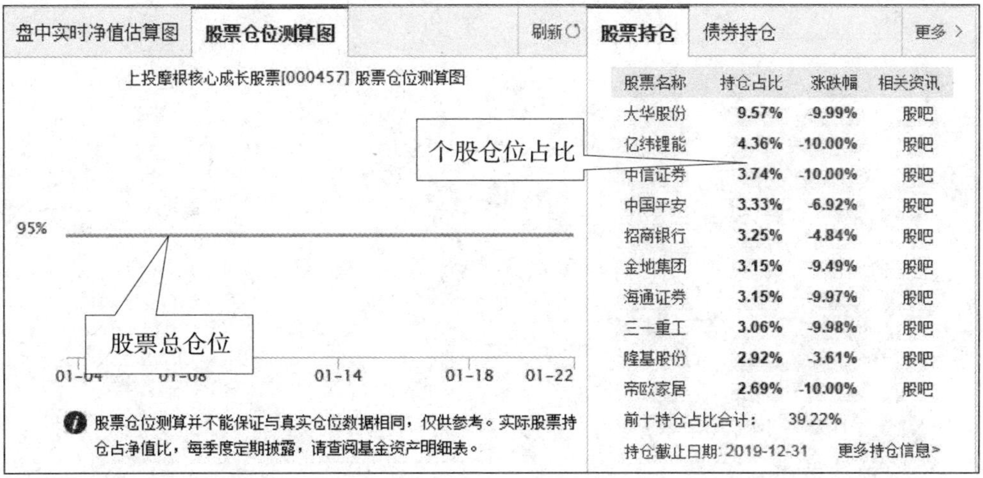

图 2-6　上投摩根核心成长股票（000457）股票持仓情况（来源：天天基金网）

第三章

三重定位好基金

在众多基金类别中，选择股票型基金是投资者特别需要注意的。不同类型的股票基金，其收益差别极大。

选择基金可以从三个方面入手：基金产品、基金经理、基金公司。

第一节　选基金先要选产品

投资基金，第一件事就是要选到合适的基金产品。投资者风险承受能力不同，对基金产品的需求肯定有所不同。因此，投资者需要从多方面评估基金产品，并确定自己理想的投资标的，如图 3–1 所示。

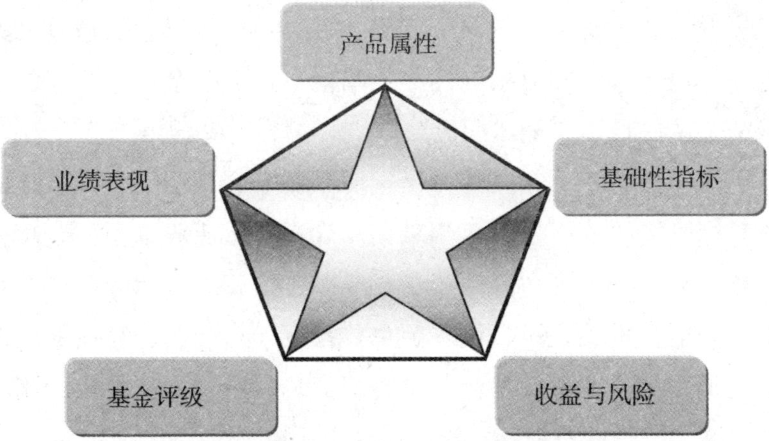

图 3–1　基金产品评价维度

一、从基金名称看产品属性

通常情况下，一只基金的名称中会包含该基金的主要投资偏好和产品属性。大部分基金名称由以下三部分构成。

基金公司名称 + 基金投资偏好或目标 + 基金属性

在以上三部分中，第一部分和第三部分是其核心，第二部分的重要性相对较低，有些基金名称可能并不含有第二部分内容。

第一部分：基金公司名称。

在基金名称中，第一部分就是基金公司的名称。从基金的命名规则可以看出基金公司对于一只基金的重要性。我们以“汇添富蓝筹稳健灵活配置混合型证券投资基金”为例进行说明，该基金名称中前三个字“汇添富”就是发行这只基金的基金公司。也就是说，这只基金属于汇添富基金公司众多基金中的一只。同理，大家在选择基金时，还可能会看到诸如华夏、易方达、南方、建信、嘉实等字样，这都是基金公司的名称。

第二部分：基金投资偏好或目标。

在基金名称中，第二部分的重要性相对较低，它可能仅仅是基金投资的一个目标或愿望，也可能是基金投资的方向或范畴等。例如“汇添富蓝筹稳健灵活配置混合型证券投资基金”中，第二部分为“蓝筹稳健灵活配置”。该信息仅说明基金投资标的偏向于蓝筹，但灵活配置又说明该基金的投资方向并不唯一。由于第二部分指向性并不明确，很多基金名称中经常使用诸如“鼎益”“全球视野”“全球配置”“核心优势”等词语。

有一些基金名称中，第二部分是用于限制基金属性的，即限定股票型基金所选择目标股票的范围。如“工银瑞信高端制造行业股票型证券投资基金”，该基金名称中第二部分为“高端制造行业”，这就为其后的股票型基金提供了一个限定用语，也就是说，该基金主要投资于高端制造行业的股票。再比如“易方达消费行业股票型基金”中的“消费行业”，就限定了该基金所投资股票的范围为“消费行业”。

也有一些基金名称中并不含有第二部分的内容，只包含第一部分和第三部分。

第三部分：基金属性。

基金属性是基金名称中最核心、最关键的内容。基金属性直接决定了基金投资标的所属的范畴，如股票、债券、货币、混合、LOF。作为想要投资股票型基金（不包括指数型基金）的投资者，需要重点关注以“股票”结尾的基金。当然，混合基金也是需要重点关注的对象。目前，市场上的混合基金比较多，其投资对象既包括股票，也包括债券等固定收益产品，其股票最低持仓比例要比纯股票型基金低很多（股票型基金的股票仓位最低为80%，而混合型基金的股票仓位最低为60%，偏债型混合基金甚至最低持股比例为0。这一最低持仓限制有利于混合型基金在熊市取得优于纯股票型基金的业绩。）

二、基金名称中的A、B、C

在一些基金产品中，基金名称除了前面介绍的三部分外，还加入了一些字母，一般为A、B、C。这三个字母冠在基金名称的结尾，有着不同的含义，投资者在选择基金时需要特别注意。

股票型基金与混合型基金的名称后面有时候会加上A、B、C以作区分。当然，有些基金并不是A类、B类、C类基金都有，可能只有A类基金和C类基金。相同名称下的不同类基金，往往意味着不同的交易费用。

一般情况下，A类基金是“前端付费模式”，即申购费用在申购时扣除；B类基金是“后端付费模式”，即申购时不扣除申购费用，但在赎回时扣除申购费用；C类基金是“销售服务费用模式”，即申购和赎回时不扣费，申购费用按天在销售服务费用中扣除。

上面是常规的分类方法，有些基金在分类时可能会将属于C类基金的品种划分为B类，投资者若想了解该基金的具体收费模式，可以查看该基金的招募公告。目前，单纯的B类基金很少，多数为A类基金和C类基金。还有一些基金直接可以选择前端付费或后端付费，而不区分A类基金和B类基金。

下面以交银施罗德稳健配置混合型证券投资基金为例介绍前端付费与后端付费的区别。购买该基金的投资者可自由选择前端付费还是后端付费，基金公司分别设置了两个申购代码，选择前端付费的投资者，在申购基金时可选填“519690”；选择后端付费的投资者，在申购基金时可选填“519691”，两者之间的费用差别如表3–1所示。

表 3–1　交银施罗德稳健配置混合型证券投资基金申购费用对比

项目	交银施罗德稳健配置混合型（前端）	交银施罗德稳健配置混合型（后端）
申购费用（申购时交付）	10 万元以下，1.5% 10 万元（含）～50 万元，1.2% 50 万元（含）～200 万元，0.8% 200 万元（含）～500 万元，0.5% 500 万元（含）以上，1 000 元	—
申购费用（赎回时交付）	—	1 年以内，1.8% 1 年（含）～3 年，1.2% 3 年（含）～5 年，0.6% 5 年（含）以上，0 元
赎回费用	1 年以内，0.5% 1 年（含）～2 年，0.2% 2 年（含）以上，0 元	1 年以内，0.5% 1 年（含）～2 年，0.2% 2 年（含）以上，0 元

注：销售机构不同，各项费用可能会有一定的优惠折扣。

从表 3–1 中可以看出，投资者若选择在前端支付申购费用，则需按照申购金额的大小按比例支付申购费用；若选择后端支付申购费用，则该费用就会按照持仓时间来支付。也就是说，投资者若能长时间持仓，选择后端支付无疑更为有利。

下面以中欧时代先锋股票型基金为例来看一下 A 类基金和 C 类基金的对比情况，如表 3–2 所示。

表 3–2　中欧时代先锋股票型基金费用对比

项目	中欧时代先锋股票 A	中欧时代先锋股票 C
申购费用	100 万元以下，0.15% 100 万元（含）以上，500 万元以下，0.1% 500 万元（含）以上，每笔 1 000 元	—
赎回费用	7 天以内，1.5% 7 天（含）～30 天，0.75% 30 天（含）～365 天，0.5% 365 天（含）～730 天，0.25% 730 天（含）以上，0%	7 天以内，1.5% 7 天（含）～30 天，1% 30 天（含）以上，0%
管理费用	1.5%（每年）	1.5%（每年）

续表

项目	中欧时代先锋股票 A	中欧时代先锋股票 C
销售服务费用	0%（每年）	0.8%（每年）
托管费用	0.25%（每年）	0.25%（每年）

注：销售机构不同，各项费用可能会有一定的优惠折扣。

从表 3–2 中可以看出，C 类基金在申购费用方面是有明显优惠的，但其销售服务费用明显高于 A 类基金。对于喜欢长线持有基金的投资者来说，投资 A 类基金更有优势；反之，则投资 C 类基金更为有利。

三、基础性评价指标

选择基金产品时，要先考量一下这些基金产品的运行情况。安全性、流动性、基金费用、基金规模这些基金评价指标，可以帮助投资者判断基金运行的质量，如图 3–2 所示。

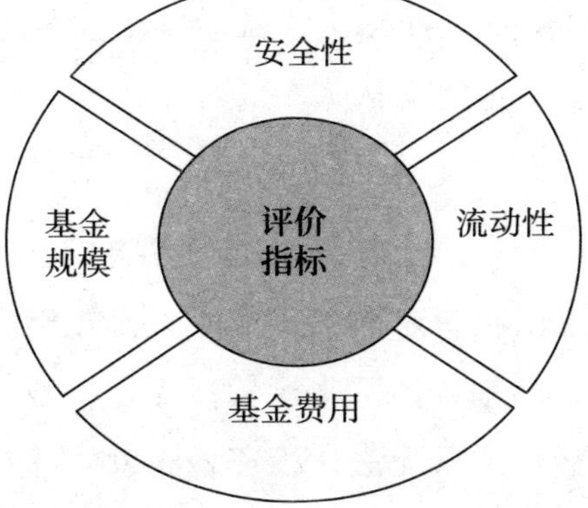

图 3–2　基金产品的基础性评价指标

1. 安全性

安全性是基金评价指标中最重要、最核心的指标。从理论上来讲，目前大部分公募基金都是由第三方银行承担托管责任的，因而其安全性基本上都有保证。换句话说，只要从正规渠道购买的合法的公募基金产品，在安全性方面都应该没有问题。特别是市场上的一些老牌基金公司的产品，更是接受了长时间的考验，其安全性更高。

2. 流动性

对于很多投资者而言，流动性也是评价基金的一个重要指标。很多投资者将资金投资于基金产品后，往往希望能够在自己需要资金时可以及时赎回，这就对基金的流动性提出了较高的要求。目前，市场上大多数基金产品都属于开放式基金，开放式基金往往都具有较好的流动性。当然，从流动性这一点来说，封闭式基金可能存在一定的不足，毕竟在封闭期内，投资者是无法将基金份额赎回的。因此，投资者在选择基金产品前，要先评估一下自身对于基金流动性的需求，然后再决定申购何种基金产品。

3. 基金费用

基金费用是基金投资的一项较大的成本。不同的基金品种，基金的费用也会有所区别。例如，相对于其他种类基金，股票型基金的申购、赎回以及持仓费用都相对较高。其实，这也与股票型基金需要基金管理人花费更多的精力规划、布局投资标的有关。目前，大多数股票型基金的申购费用都在1.5%左右（个别渠道可能会有一定的折扣）。

4. 基金规模

基金规模也是评价一只基金运作情况的重要指标。一只基金的规模若是越来越大，则说明市场上的投资者对其运作能力比较满意，越来越多的投资者愿意将资金交给该基金的基金经理来运营；反之，若一只基金的规模越来越小，则说明该基金的运作成果无法让投资者满意，越来越多的投资者选择赎回该基金。

投资者可以从基金产品的介绍中查看基金规模的变化情况。比如，该基金发行的总份额是多少，当前的份额是多少，两者之间的对比可以看出基金规模是扩大了还是缩小了。

当然，基金规模的变化还要参考整个市场环境的变化。例如，在股市下行期间，股票型基金的盈利能力下降，可能会有越来越多的投资者赎回基金。这时候，评价一只基金的运营情况不仅要考虑基金规模自身的变动，还要将其与同类基金进行对比。

关于基金规模，还要注意一点：当基金规模下降到一定程度时，则该基金有被清盘的风险，投资者更应该及早赎回这样的基金。一般情况下，在牛市行情中，股票型基金往往能够获得较为丰厚的回报，在赚钱效应的带动下，很多投资者热衷于投资股票型基金，因而，股票型基金的规模都有增大的趋势；反之，在熊市行情中，股票型基金受到的冲击也非常大，基金亏损是一种常态，这些投资者会选择赎回操作，以降低损失，这就使得股票型基金的规模也会相应萎缩。

四、评估基金产品的收益与风险

收益与风险是相辅相成的。投资者优先选择一些收益较高的产品时，可能也会面临较高的风险。换句话说，你要追求多大的收益，就要承担多大的风险。相比其他类型的基金产品，总体来看，股票型基金产品的收益和风险都是较高的。不过，即使同属于股票型基金这个大类，不同的基金品种，其收益和风险也有所不同。

通常情况下，投资者可以通过回顾基金历史业绩情况来研判一只基金的总体收益与风险情况，图 3–3 所示为易方达消费行业股票基金收益走势与沪深 300 指数的走势对比。

从图 3–3 可知，易方达消费行业股票基金的走势与沪深 300 指数走势基本吻合，但在沪深 300 指数上升时，该基金上升幅度更大；反之，在沪深 300 指数下跌时，该基金的跌幅相对较小，这就属于市场上风险与收益组合较佳的基金品种。

通过与沪深 300 指数或上证指数对比，投资者可将基金品种做如下划分。

第一类：高收益高风险型。

这类股票型基金投资的目标股票往往属于中小盘成长股，因而其收益波动非常剧烈。在指数上升时，该基金净值上升幅度更大；在指数下降时，该基金净值下跌幅度也更大。在牛市行情中，投资这类基金确实是一个不错的选择，不过，在熊市来临时，投资者最好能够及时从这类基金中撤出。

图 3-3 易方达消费行业股票基金与沪深 300 指数走势对比（来源：天天基金网）

第二类：低收益低风险型。

这类股票型基金投资的目标股票多为银行、能源、地产等大盘股。这类基金净值的上升或下跌幅度相对较小，多与上证指数走势相差不多。这类基金属于稳健投资者的首选，但确实存在盈利能力偏弱的问题。

第三类：收益与风险平衡型。

这类股票型基金的基金经理通过合理的仓位调整与分布，确保基金净值在震荡市或牛市中保持较快增长，在熊市中又能少受一些损失。即牛市中，该基金净值的增速要高于沪深 300 指数，在熊市来临后，其净值下跌幅度又能小于沪深 300 指数的下跌幅度。其实，这类基金就是投资者重点关注的对象。

五、查看评级机构的评级

很多第三方基金评级机构会在每季度给出各个基金产品的评级数据，这些第三方机构的评级往往能为投资者选择基金产品提供较好的参考。当然，一些新成立的基金或者表现较差的基金，则不会被评级机构赋予评级。

1. 评级机构

目前，比较专业且被广泛认可的基金评级机构比较多，大致可以分为两类：其一，国内基金评级机构，包括银河证券、海通证券、上海证券、招商证券等证券公司和一些第三方评级机构如济安金信；其二，国外基金评级机构，如晨星、理柏、惠誉。

在众多基金评级机构中，晨星公司的评级被认可程度最高。晨星公司给出的评级，投资者应该高度重视。晨星公司还发明了很多投资分析工具，例如晨星投资风格箱。该工具经常用于分析基金投资风格。在天天基金网上，任意一只基金概况页面中的【特殊数据】页面，投资者均可看到该工具，如图 3–4 所示。

图 3–4　某基金投资风格（来源：天天基金网）

图 3–4 为某基金的投资风格箱。从图中可以看出，该基金在 2019 年第 4 季度的投资风格以大盘股、平衡投资为主。其实，这也与当时的市场环境有关。2019 年第 4 季度，股市处于震荡上行趋势，绩优股、投资价值较高的成长股都具有较佳的投资价值。

投资者在选择基金前，可以查看该基金的投资风格箱，考虑一下该基金的投资风格是否符合自己的投资理念。

2. 评级标准

目前市场上对基金的评价划分通常为五星等级，五星为评级机构对基金出具的最高评级，一星为最低评级。该评级只能代表该评级机构根据其对被评价基金的分析与研究得出的结论，并不能代表真实的基金管理和收益水平。换句话说，这些评级机构给出的评级只能作为投资者的参考标准，并不是唯一标准。

图 3–5 为招商、上海证券和济安金信三家评级机构为某基金做出的评级。从图中可以看出，三家评级机构最新的评级都为五星级，说明该基金的整体运营情况较好。

评级日期	招商评级	上海证券评级		济安金信评级
		三年期	五年期	
2020-01-31	★★★★	--	--	--
2019-12-31	--	★★	★★★★	★★
2019-10-25	★★	--	--	--
2019-09-30	--	★★	★★★★	★★
2019-07-19	★	--	--	--
2019-06-30	--	★★	★★★	★★
2019-04-26	★	--	--	--
2019-03-31	--	★★	★★★	★★
2019-01-25	★	--	--	--
2018-12-31	--	--	--	★★★
2018-12-28	--	★★★	★★★★	--

图 3–5　某基金评级数据（来源：天天基金网）

当然，并不是说获得五星级评价的基金，其表现一定会比四星级或三星级好，只是获得五星级评价的基金获得优异表现的概率更大一些而已。

六、评估基金产品业绩表现

由于基金投资标的不同，基金面对的市场环境不同，评估基金产品的业绩表现时，不能简单地进行对比，也不能简单地分析盈利还是亏损。其实，每只基金在成立时，都已经设定了业绩的对照标准。

业绩对照标准是基金运作质量的重要参考指标，也是评价基金经理运作水平的一个指标。每只基金的基金经理的目标都是努力超越业绩对照标准。当然，基金属性不同，业绩对照标准也会有所不同。例如，股票型基金经常会将沪深 300 指数列为业绩对照标准，而货币基金则会将一年定期存款利率作为业绩对照标准。投资者在申购前查看基金的业绩对照标准，就可以大致看出基金可能的盈利空间以及面临的风险。例如，某只股票型基金将沪深300指数作为业绩对照标准，那么，该基金的风险和收益水平可能都比较高。

具体到某只基金，其业绩对照标准的设定可能更为复杂。下面来看一下诺安策略精选股票型证券投资基金的业绩对照标准，如图3–6所示。

基金全称	诺安策略精选股票型证券投资基金	基金简称	诺安策略精选股票
基金代码	320020（前端）	基金类型	股票型
发行日期	2012年04月18日	成立日期/规模	2012年05月28日 / 36.058亿份
资产规模	1.27亿元（截止至：2019年12月31日）	份额规模	0.9032亿份（截止至：2019年12月31日）
基金管理人	诺安基金	基金托管人	中国银行
基金经理人	蔡宇滨	成立来分红	每份累计0.00元（0次）
管理费率	1.50%（每年）	托管费率	0.25%（每年）
销售服务费率	---（每年）	最高认购费率	1.00%（前端）
最高申购费率	~~1.50%（前端）~~ 天天基金优惠费率：0.15%（前端）	最高赎回费率	1.50%（前端）
业绩比较基准	80%沪深300指数+20%中证全债指数	跟踪标的	该基金无跟踪标的

业绩对照标准

图3–6　诺安策略精选股票型证券投资基金的业绩对照标准（来源：天天基金网）

从图3–6中可以看出，该基金除了配置股票资产外，还配置了部分债券。该基金运作的收益目标为“80%沪深300指数+20%中证全债指数”。

投资者可将基金当前运行情况与业绩对照标准进行对比分析，若基金的净值走势优于业绩对照标准，则说明基金运作情况较佳，反之，则说明基金运作情况不佳。

除了单只基金与业绩基准对比之外，投资者还可以参照每一年度的基金排名情况。通常情况下，每年年初评级公司都会对上一年度基金收益情况进行综合排名。当然，这个排名是分类的，即股票型基金和债券型基金、货币型基金是分开评价的，其中尤以股票型基金的排名最受关注，毕竟股票型基金可操作空间较债券型基金、货币型基金大很多。

借助这个排名，投资者可以看出自己拟投资的基金在整个基金体系中的排名情况。当然，并不是前一年度排名越高的基金，以后年度收益就更好，但至少可以为投资者做一个投资参照，尤其要避开那些排名靠后的基金。

第二节　看业绩选基金经理

基金经理就是一只基金的掌舵人。基金经理的操作思路和手法，直接决定了基金运行的效果。同样属于股票型基金，由不同基金经理操盘，带来的效益可能完全不同。从某种意义上来说，选基金就是在选基金经理。

一、了解基金经理的背景

英雄不问出处，但作为专业性很强的金融领域，丰富的任职经历、深厚的金融背景还是会给人一种安全感。这就如同你把自己的钱交给一个陌生人去经营、打理，你肯定想知道这个人的一些背景资料，以及他到底有没有能力让自己的钱增值。一般情况下，一个人能被任命为一只基金的基金经理，都应该经历了较长时间的磨炼，做过很长时间的分析员、研究员一类的工作。但是，近些年，随着基金行业不断扩容，确实也有一些经验、水平不足的管理者被推上了基金经理的位置。正因如此，投资者在买入基金前，一定要仔细查看拟购入基金的基金经理的背景。在基金经理的背景资料中，以下三项应该特别关注，如图 3–7 所示。

第一，专业投资年限。并不是说年龄大的基金经理就一定比年轻的基金经理能获得更多的投资收益，但过于年轻的基金经理，运营资产时间肯定较短。特别是一些股票型基金的投资经理，往往需要较为丰富的投资经验。在投资领域有这样一种说法：没有经历过一次大熊市洗礼的投资者是很难真正成熟起来的。当然，这里的成熟指的是投资手法和投资理念的成熟。不可否认，随着越来越多经验丰富的公募基金经理开始单飞或加入私募基金，公募基金中的基金经理年轻化已经成了不可逆转的趋势，但是，投资者在选择基金经理时，还是应该尽可能选择那些经验比较丰富，经过了一轮牛市与熊市洗礼的基金经理。

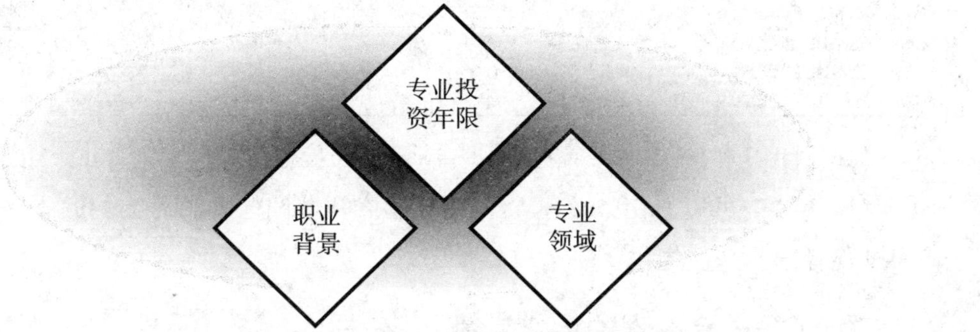

图 3–7 基金经理的背景

关于专业投资年限，投资者还可以参照基金经理介绍页面的“累计任职时间”一栏。在天天基金网等各类专业基金网站上，都有各基金经理累计任职时间的介绍。这个累计任职时间，指的是该基金经理自初次担任基金经理以来的累计任基金经理的时间。

第二，职业背景。尽管大部分基金经理出身于与投资相关的专业，但其后的职业发展路径也是值得投资者重点关注的。通常情况下，一些投资研究员、基金经理助理等岗位，都是正式成为基金经理前不可或缺的职业经历。当然，这部分职务任职的时间长短同样非常重要，一般都需要两年以上的任职时间，才能积累起相应的经验。如果在成为该公司基金经理之前就已经有了其他基金公司基金经理的任职经历则更好。

除此之外，投资者还可以通过查看基金经理以往的投资经历来判断其操作手法。例如，有的基金经理在牛市时操盘的基金净值增幅会远超平均基准；而在熊市时，净值跌幅也会超过平均跌幅，这就说明该基金经理的操作手法非常激进，富有冒险精神，投资者需要结合自己的风险承受能力，判断是否要申购这类基金经理管理的基金产品。

第三，专业领域。每个人都有自己擅长的领域，基金经理也不例外。有些基金的基金经理介绍页面展示了该基金经理擅长的领域，有些基金可能没有展示。不过，投资者可以通过该基金经理所负责的基金性质来判断其专业领域。图 3–8 所示为景顺长城旗下某基金经理所负责的基金。

基金代码	基金名称	相关链接	基金类型	规模（亿元）	任职时间	任职天数	任职回报
260109	景顺长城内需贰号混合	估值图 基金吧 档案	混合型	15.00	2018-02-10 ~ 至今	335天	-15.59%
260104	景顺长城内需增长混合	估值图 基金吧 档案	混合型	8.71	2018-02-10 ~ 至今	335天	-14.47%
162605	景顺长城鼎益混合(LOF)	估值图 基金吧 档案	混合型	28.36	2015-07-10 ~ 至今	3年又186天	38.71%

图 3–8　基金经理所负责的基金（来源：天天基金网）

从图 3–8 中可以看出，该基金经理的投资领域偏向于内需类的股票。这就为投资者选择基金提供了一个重要参考。

二、了解基金经理的运作成绩

虽说历史成绩并不代表未来，但是基金经理以往取得的成绩，可为投资者判断基金经理的能力提供一定的帮助，如图 3–9 所示。

张坤 历任基金一览

基金代码	基金名称	基金类型	起始时间	截止时间	任职天数	任职回报	同类平均	同类排名
005827	易方达蓝筹精选混合	混合型	2018-09-05	至今	128天	-5.00%	-5.26%	1289|2683
001373	易方达新丝路灵活配置混合	混合型	2015-11-07	至今	3年又66天	-19.00%	-13.64%	660|1131
118001	易方达亚洲精选	QDII	2014-04-08	至今	4年又279天	6.78%	18.70%	64|94
110011	易方达中小盘混合	混合型	2012-09-28	至今	6年又106天	165.06%	63.43%	17|530

图 3–9　基金业绩表现（来源：天天基金网）

图 3–9 所示为易方达旗下基金经理张坤所负责的基金及其任职期间的业绩表现。投资者在查看基金经理的业绩表现时，需要重点关注以下几方面。

第一，关注单只基金的任职回报数据。

单只基金的任职回报反映了该基金经理任职某只基金后的业绩表现情况。任职回报数据越好，说明该基金经理操作得越好。

第二，关注任职回报与同类基金平均情况对比。

由于基金经理任职期间经历的股市周期可能存在不同，其任职回报也可能出现不同的波动幅度。例如，基金经理任职期间若遇到大牛市，则其任职回报可能会比较高；若遇到大熊市，则其任职回报就会比较低。将任职回报与同类基金平均回报进行对比，可以看出该基金经理的操作水平与市场平均水平的对比情况。换句话说，只有任职回报超过同类平均水平，才能称为优秀的基金经理。

第三，查看同类排名。

通过基金经理所负责的基金在同类基金中的排名情况，可以查看该基金在整个行业中的位置。例如，图 3–10 中张坤所负责的“易方达中小盘混合”的同类排名为“17/530”。也就是说，该基金在同类 530 只基金中排第 17 名。

三、关注基金经理变动情况

一般来说，基金运作的成果是需要很长时间才能检验出来的，短期的操作很难看出一个基金经理的真实水平。尽管每家基金公司都有专门的投资决策委员会，每只基金都有特定的投资方向，但不能否定基金经理在具体操盘中的作用。每位基金经理可能都会有各自的投资风格与偏好，因而，当基金更换基金经理时，往往意味着基金投资风格发生转变。正因如此，投资者必须慎重对待基金经理的变动情况。

第一，正确认识基金经理的更替。

从某种意义上来讲，基金经理的更替是一种必然。毕竟，一只运营良好的基金可能会运行若干年，而基金经理作为一名普通职员，在一家基金公司任职的时间很可能会少于基金运营的时间，这时，更换基金经理就是不可避免的。

当然，更换基金经理并不意味着基金收益会减少，投资者必须理性地认识这种变化。不能因为基金经理更换就赎回基金。

第二，警惕频繁更换基金经理的基金。

基金经理的更替是再正常不过的事情，但并不意味着频繁更替基金经理是一个向好的信号。一只基金的基金经理若频繁更换，可能说明基金运营存在问题或基金公司本身存在问题。无论何种原因，投资者都应该考虑远离这类基金，以确保自己的资金安全。

一只基金的基金经理经常更替，可能会使这些基金经理无心规划基金投资活动，这会对投资者的资金收益产生严重的影响。

第三节 选基金要关注基金公司

与基金经理所起的作用相比，基金公司的作用可能更大。很多基金公司都有自己的投资决策委员会，投资决策委员会制定旗下基金的投资策划与规划，并由基金经理负责执行。也就是说，基金投资的大方向多是由基金公司把控的，由此可见，基金公司在基金投资方向所起的作用是非常大的。

一、了解基金公司的背景

投资基金就是要将自己手中的钱交给基金公司打理，因而，对于基金公司的情况，投资者一定要有所了解。在调查基金公司的背景信息方面，投资者需要重点关注以下四方面的内容，如图 3–10 所示。

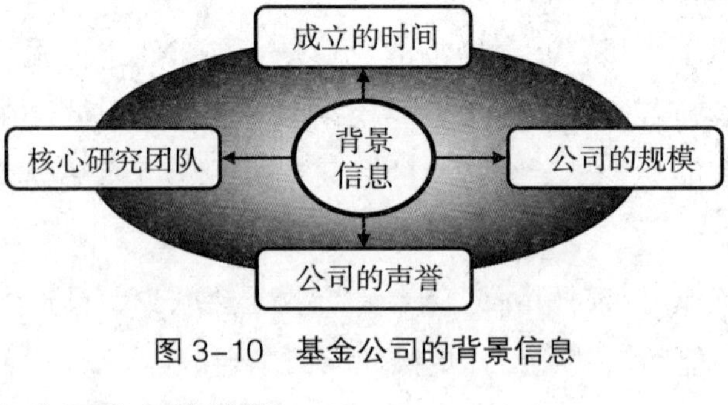

图 3–10 基金公司的背景信息

第一，基金公司成立的时间。

不是成立越久的公司就越值得信赖，但一家运营了很多年且商誉甚佳的基金公司，肯定比一些新成立的公司更容易给人安全感。特别是一些老牌的基金公司，它们在长期的经营中积累了大量投资经验和管理经验，这对于保证资金安全、提高资金收益都是有利的。

第二，基金公司的规模。

考量基金公司规模的指标包括几个：其一，基金公司运营资产的规模；其二，基金公司旗下基金的数量（尤其要关注获得第三方给予五星级评价的基金数量）；其三，基金公司旗下基金经理的数量（特别是那些运营五星级基金的基金经理的人数）。

以上各项指标的高低，能反映一个基金公司的实力水平，这种实力水平很可能影响基金未来的投资收益和资金安全。

第三，基金公司的声誉。

基金公司的声誉是一个相对宽松的评价指标。投资者如果一时很难判断一家基金公司声誉的好坏，可以考虑借助反向指标看待这个问题。比如一家基金公司连续发生违规违法事件，则该公司的信誉就值得怀疑，投资者宜远离这类企业。

第四，核心研究团队。

一家优秀的基金公司必然会有优秀的投资研究团队。前面介绍过，基金经理会根据基金公司投资决策委员会的决策进行具体的投资活动，那么，每家基金公司投资决策委员会的组成就显得非常重要了。投资者在选择基金公司前，需要对该基金公司投资研究团队进行了解，特别是这个研究团队的核心人物更为关键。

二、关注基金公司的投资方向

目前，市场上除了华夏、汇添富、易方达几家大型综合型的基金公司外，大多数基金公司都有比较明确的投资方向。规模一般的基金公司同大型基金公司竞争的策略，通常都是在自己专注的领域获得优势地位，然后利用这些优势赢得市场，赢得客户。

投资者在选择基金公司时，也要考虑这些基金公司的专长领域，例如，有的基金公司比较善于投资固定收益类产品，有的基金公司则比较关注海外投资市场。投资者可以从这些基金公司旗下的基金产品分类以及投资回报率方面看出其专注的领域。

很多大型的基金公司会定期或不定期地发布一些投资分析报告，这些投资分析报告可能是关于年度的综合性投资分析，也可能是关于某一领域的投资情况分析。这些投资分析报告一方面可以为投资者接下来的投资活动提供帮助，另一方面也能反映出基金公司擅长的领域和研究方向。

三、对比基金公司的业绩表现

基金公司的业绩主要表现在两方面：其一，收益排名情况；其二，基金公司规模变化情况。

1. 收益排名看业绩表现

前面提到过基金产品业绩排名的问题。事实上，这个排名主要是针对单只基金产品的。不过，由于每只基金产品都会按照自家基金公司投资决策委员设定的投资规划进行布局，因而，基金排名就会呈现出集群化倾向，即同一基金公司的多只基金产品要么排名都比较靠前，要么排名都比较靠后。

其实，这时候就能看出一家基金公司的整体运营情况了。投资者在选择基金产品时，应该选择多只基金产品收益排名靠前的基金公司的产品。

2. 规模变化看业绩表现

很多第三方机构每年会发布一次基金公司资产总规模的排名和资产规模总额，这个资产规模的排名一方面可以帮助投资者认清行业内基金公司规模对比情况，另一方面，通过连续几年的基金公司规模变化情况，也可以看出基金公司的整体运营情况。例如，有的基金公司可能资产规模上升较快，有的可能下降较快，这都在一定程度上反映出市场上的投资者对基金公司的认可和信赖程度。

当然，投资者需要了解这个规模与排名情况，但也不能唯排名论。有些基金公司可能在某一年度发行多只基金，这使得其资产出现了较大幅度的提升，有的基金公司则单纯因投资者申购量提升而使规模增大。

四、找到基金公司业绩最佳的产品

每家基金公司旗下都会有数量众多的基金产品，但并不是所有的基金产品都会获得相当程度的重视。一般情况下，基金公司为了获得市场上投资者的青睐，往往会打造几只明星基金产品。这些明星基金产品具有如下几个特征。

第一，由明星基金经理掌舵。

明星基金经理多是指那些经过多年的市场考验、具有丰富操盘经验、取得了优于市场上绝大多数基金经理的操盘业绩的基金经理。一旦一只基金的基金经理成了明星经理，往往就具有了某些光环效应，其操盘记录就会被市场上很多投资者效仿。这种市场上的跟风效应，往往会进一步促使明星基金经理获得更好的业绩。

第二，业绩明显优于同类产品。

明星基金产品之所以会成为明星，在业绩上肯定有闪光之处。它们的业绩表现不仅会高于一般的基准业绩，也会明显高于同类基金产品。这些明星基金产品的收益与同类基金产品的收益相比，往往会有一种鹤立鸡群的感觉。

第三，与基金公司擅长的投资领域相一致。

明星基金产品投资的方向，往往就是其所属基金公司重点关注的领域。通常情况下，基金公司塑造基金经理的目的不仅仅是为了一只基金，而是为了一系列基金产品，这些基金产品一般会有相同的投资领域。

第四章

市值板块股票型基金投资

按照市值对市场上的股票进行分类，是一种常见的股票分类方法。按照市值多少，通常可将市场上的股票分为大盘股、中盘股和小盘股。

大盘股，是指市值较大的股票。由于上市公司的市值总体上呈现上升态势，大盘股的标准也在不断变化，现阶段一般指市值在200亿元以上的股票。通常情况下，大盘股更多地集中于金融、地产、钢铁、生产制造等领域。相对而言，大盘股的生产经营状况已经趋于稳定，盈利能力也比较稳定，因而其股价运行也相对稳定，不易出现暴涨暴跌走势。在股票型基金领域，一般将沪深300指数范畴内的股票定义为大盘股。也就是说，大盘股都会从沪深300指数范畴内选出。

小盘股，是与大盘股相对的概念，通常指市值在50亿元以下的股票。小盘股通常集中于新兴科技领域，企业规模相对较小，具有较大的成长空间。不过，这类股票价格的震荡幅度要远远大于大盘股。

中盘股，是介于大盘股和小盘股之间的股票。其走势没有大盘股那么稳健，却比小盘股的波动幅度小。

股票市值大小不同，企业所属的发展阶段往往也不相同。正因如此，很多基金公司针对不同市值的股票，设计了不同的基金品种。其中比较典型的基金品种包括大盘蓝筹股组合、中盘成长股组合、小盘成长股组合以及中小盘成长股组合等。

第一节　大盘蓝筹类股票型基金投资分析

相对而言，大盘股往往涵盖了国民经济中占有重要地位的大企业，因而，这些企业股票的价格走势更能准确地反映国民经济运行的状态。查尔斯·道在创立道氏理论时，就将该理论看成反映宏观经济状况的一个指标，这也是很多人都将股市看成经济晴雨表的原因所在。

一、大盘蓝筹股的基本特征

大盘蓝筹股的基本特征，决定了其常常成为基金公司追逐的标的。目前，以大盘蓝筹股为主要投资标的的基金（包括沪深 300 指数基金）品种极多，且总规模还在不断扩大之中。

前面说过，很多大盘基金追踪的标的是沪深 300 指数等大盘指数，也有一些基金追踪的标的范围是其他指数，如新华富时 A200 指数。这些指数都有 3 个共同特点，如图 4–1 所示。

第一，市值比较大。无论是沪深 300 指数还是新华富时 A200 指数，都是从 A 股市场上选择市值最高、流动性最强的股票组成。也就是说，市值足够大，企业规模足够大，且每天的交易量大，才能入选这些大盘指数。

第二，分布比较广。构成大盘指数的个股分布在相对较为广泛的行业中。不过，无论是沪深 300 指数还是新华富时 A200 指数，均为市值较大的蓝筹股，因而，金融股（包括银行、证券、保险等行业）在整个指数中占比较大，其次为工业股票和大消费类股票。

第三，整体市盈率较低，具有较佳的投资价值。由于大盘指数股票中的蓝筹股较多，市盈率普遍较低，未来的上涨空间较大，因而其投资价值较大。

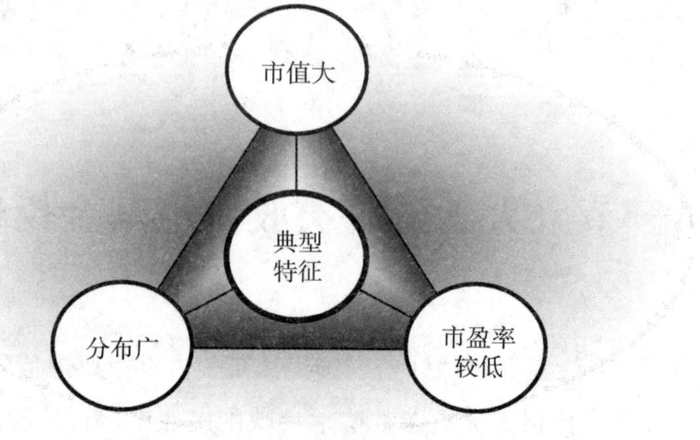

图 4–1　大盘蓝筹股的典型特征

二、影响大盘蓝筹股走势的因素

大盘蓝筹股多为各大行业举足轻重的企业所发行的股票，因而其走势往往对整个行业有着一定的影响，且影响这些企业股票价格走势的因素多属于全局性、系统性因素。概括起来说，影响大盘蓝筹股走势的因素包括以下几个方面。

第一，国民经济发展态势。

股票市场的运行态势，反映了整个国民经济的发展态势。当国民经济向好时，股票市场会同步出现上升态势；反之，当国民经济运行不佳时，股票市场也会同步下降。作为国民经济的中坚力量，大盘蓝筹股的走势往往会与国民经济整体运行态势相吻合。也就是说，国民经济发展态势，往往会成为影响大盘蓝筹股走势的首要因素。

第二，行业发展前景。

大盘蓝筹股在各自所属行业中处于领先地位，甚至是龙头地位，在行业内具有较强的竞争优势，但行业发展的潜力和前景往往会成为其股价走势的重要影响因素。一些处于夕阳产业中的大盘股的股价，可能上涨空间十分有限，而另一些处于朝阳产业中的大盘股，则可能拥有更好的前景。

第三，国际政治形势。

国际政治始终充斥着诸多不稳定因素，小型军事冲突时有发生，且大国之间的贸易摩擦也常常发生，这都可能会对投资者的心理产生较大的影响，从而促使股市出现大幅波动。而大盘股中的能源股、钢铁股、金融股又会首当其冲受到影响。

三、投资大盘蓝筹股的基本逻辑

提到大盘蓝筹股的走势，大家自然而然地会联想到上证指数的走势。上证指数自2007年首次创出3 000点的点位后，历经了十多年的震荡，到了2020年2月初，上证指数仍在3 000点下方。如果从大盘点数来看，十多年里大盘股票似乎没有任何涨幅。不过，查看这些大盘蓝筹股票型基金的收益情况就可以发现，在过去十多年里，这些基金的收益都是比较可观的。

投资大盘蓝筹股票型基金通常遵循以下三个基本逻辑。

第一，价值投资的逻辑。

投资大盘蓝筹股票型基金，从本质上来看是一种基于价值投资理论做出的决策。大盘蓝筹股中涵盖了各个行业的龙头企业和盈利能力较强的企业，同时，这些基金经理在筛选股票时，还会特别重视企业的核心竞争能力、行业地位以及未来的盈利能力等各方面因素。

第二，低估值，永远的王道。

相比中小盘股票，大盘蓝筹股的市盈率很低。大盘蓝筹股的低估值保证了其未来拥有较大的成长空间。其实，很多投资者在选择投资的目标股时，也是从低估值股票中选择的，因而，追随并投资低估值股票永远都是价值投资的最佳选择。

第三，二八轮动逻辑。

当然，这并不意味着投资者任何时候都可以投资大盘蓝筹股票型基金。在大部分时间里，市场上总是存在二八轮动现象。其中的“二”指的是占A股市场20%左右的大盘股。这部分股票虽然数量相对较少，但资本量非常大，不容易被拉升或打压。这类股票的走势往往决定了整个股市大盘（上证指数）

的走势。“八”指的是占A股市场80%左右的中小盘股票。这类股票数量众多，但资本量相对较少，也比较容易被拉升或打压。从历史经验来看，大盘股走势经常会与中小盘股的走势产生分化。因此，投资者最好在大盘股引领大盘上行时，建仓或加仓大盘蓝筹类股票型基金，反之，当中小盘股引领上升时，投资者可考虑减仓大盘蓝筹类股票型基金。

四、大盘蓝筹类股票型基金梳理

截至2020年2月初，市场上以大盘蓝筹股为投资标的的股票型基金有20只（不包括指数型基金）左右，其中，成立5年以上的大盘蓝筹类股票型基金主要有表4–1所示的9只。

表4–1　以大盘蓝筹股为主要投资标的的股票型基金

基金名称	所属公司	1年内涨幅	3年内涨幅	5年内涨幅	现任基金经理
招商大盘蓝筹混合	招商基金	60.60%	42.68%	49.2%	郭锐
华夏大盘精选混合	华夏基金	22.76%	41.91%	53.4%	陈伟彦
上投摩根大盘蓝筹股票	上投摩根	50.04%	54.55%	62.53%	朱晓龙
广发大盘成长混合	广发基金	43.67%	26.94%	62.54%	程琨
汇丰晋信大盘股票	汇丰晋信	32.56%	40.98%	123.6%	郭敏
华商大盘量化精选混合	华商基金	31.72%	1.21%	18.2%	王东旋
工银大盘蓝筹混合	工银瑞信基金	20.81%	36.44%	45.37%	王筱苓
农银大盘蓝筹混合	农银汇理基金	28.4%	24.97%	14.1%	宋永安
华宝大盘精选混合	华宝基金	57.22%	39.67%	42.97%	詹杰

注：截至2020年2月7日。

下面再来看一下表4–1所示的股票型基金的平均收益情况与大盘指数的对比，如表4–2所示。

表 4–2 股票型基金的平均收益与大盘走势对比

对比项目	1 年内涨幅	3 年内涨幅	5 年内涨幅
股票型基金平均收益	38.64%	34.37%	52.43%
上证指数	8.37%	–8.79%	–7.08%
沪深 300 指数	17.95%	15.87%	16.56%

注：截至 2020 年 2 月 7 日。

通过表 4–1 和表 4–2 的对比，可以总结出如下几个特征。

第一，从整体来看，最近 5 年中，大盘涨幅较小，只有最近的 2019 年取得了不错的涨幅，其他几年都是在下跌。其中，代表大盘的上证指数表现得更为明显，除了最近一年取得了 8.37% 的上涨外，其他时间都在下跌；沪深 300 指数的走势相对好一些，但其涨幅也是在 2019 年取得的。

第二，以大盘蓝筹股票为投资标的的股票型基金，整体表现要远远好于大盘指数的走势，特别是从长期来看，5 年内股票型基金的平均涨幅达到了 52.43%，而沪深 300 指数的涨幅仅为 16.56%，上证指数的涨幅为 –7.08%。这也说明以大盘蓝筹股票为投资标的的股票型基金的平均收益要优于指数型基金。

第三，即使同属于以大盘蓝筹股票为投资标的的股票型基金，其运作效率和收益水平差异同样较大。以最近一年的收益情况为例，股票型基金的平均收益为 38.64%，而在 9 只股票型基金中，优于平均收益水平的基金仅有 4 只，即招商大盘蓝筹混合、上投摩根大盘蓝筹股票、广发大盘成长混合、华宝大盘精选混合。不过，最低的工银大盘蓝筹混合收益也达到了 20.81%，这明显优于沪深 300 指数的涨幅。

第四，将时间线拉长，更能看出股票型基金的运作效果。从 3 年时间来看，股票型基金的平均收益仍有 34.37%，而沪深 300 指数的涨幅仅为 15.87%，这也说明股票型基金的整体运作效率较高。从表 4–1 中还可以看出，3 年股票型基金的平均收益比 1 年收益低的原因，主要在于华商大盘量化精选混合的 3 年收益仅为 1.21%，严重拉低了整体收益率。也就是说，若将该基金扣除，整个股票型基金的收益还要更好。

第五，投资大盘蓝筹类股票型基金，需要选出长跑冠军，而非短跑冠军。从5年期收益来看，汇丰晋信大盘股票的收益最高，达到了123.6%。不过，在表4–1所示的9只股票型基金中，以5年期来看，只有华夏大盘精选混合、上投摩根大盘蓝筹股票、广发大盘成长混合、汇丰晋信大盘股票4只基金跑赢了股票型基金的平均收益率。

五、典型基金品种——上投摩根大盘蓝筹股票基金

上投摩根大盘蓝筹股票基金成立于2010年12月20日，以挖掘在行业内占据领先地位、业绩良好且稳定增长、价值相对低估的大盘蓝筹公司股票，以在较低风险下实现基金资产的稳健增值为基本投资策略的基金。

1. 基金基本情况

上投摩根大盘蓝筹股票基金的基本情况如表4–3所示。

表4–3 上投摩根大盘蓝筹股票基金基本情况

所属基金公司	上投摩根基金	创立日期	2010.12.20
基金规模	3.19亿元（2019.12.31）	基金评级	★★★
现任基金经理	朱晓龙（2020.2.7）	任职开始时间	2019.7.19
基金经理任期回报	22.47%（2020.2.7）	任期沪深300指数涨幅	2.41%

从基金的基本情况介绍中可以看出，该基金整体规模不大，比较有利于基金经理的运作。该基金经理任职时间在半年左右，其间沪深300指数的涨幅为2.41%，而本基金的涨幅为22.47%。当然，由于新的基金经理任职时间较短，还需进一步观察其运作情况。

2. 基金持仓分布

截至2019年12月31日，该基金持仓股票按行业划分如图4–2所示。

从图4–2中可以看出，上投摩根大盘蓝筹股票基金近期持仓以制造业和金融业为主，两者相加仓位占到了整个股票仓位的70%以上。当然，这也与大盘股票中从属于制造业和金融业股票较多有关。

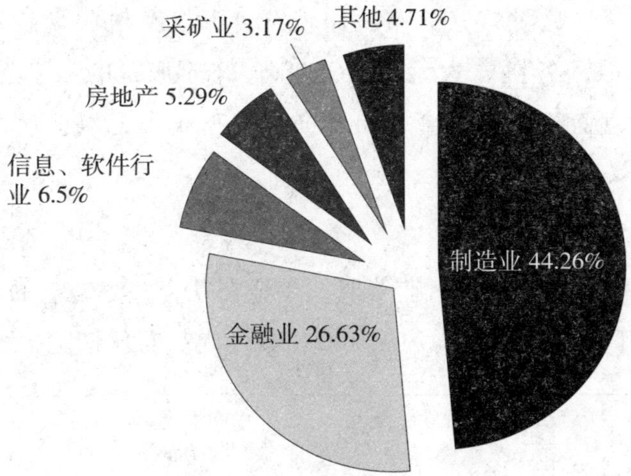

图 4–2　基金持仓分布

该基金的十大持仓股票及市值占比如表 4–4 所示。

表 4–4　上投摩根大盘蓝筹股票基金的十大持仓股

序号	股票代码	股票名称	数量（股）	公允价值（元）	占基金资产净值比例（%）
1	601318	中国平安	225 605	19 280 203.30	6.04
2	600036	招商银行	390 708	14 682 806.64	4.60
3	600519	贵州茅台	12 022	14 222 026.00	4.45
4	600837	海通证券	721 624	11 156 307.04	3.49
5	601398	工商银行	1 644 238	9 668 119.44	3.03
6	000002	万科 A	257 095	8 273 317.10	2.59
7	000333	美的集团	127 407	7 421 457.75	2.32
8	600031	三一重工	405 390	6 911 899.50	2.16
9	600030	中信证券	260 862	6 599 808.60	2.07
10	603799	华友钴业	165 000	6 499 350.00	2.03

资料来源：上投摩根网站（截至 2019 年 12 月 31 日）。

从表 4–4 中可以看出，上投摩根大盘蓝筹股票基金近期的持仓中，偏好于金融类股票，如中国平安、招商银行、海通证券、工商银行、中信证券。从市场环境来看，经过 2019 年的股市上升后，这些金融类股票涨幅相对较小，仍处于低位，这种持仓分布也比较符合上投摩根大盘蓝筹股票基金的投资风格。也就是说，随着大盘的震荡走高，个别股票的估值已经进入高位，而上投摩根大盘蓝筹股票基金开始转向保守型投资，以应对个别股票的高位回调。

3. 基金收益情况

前面列举了上投摩根大盘蓝筹股票基金在几个关键节点的收益率情况，下面再来看一下该基金收益与沪深 300 指数的走势对比情况，如图 4–3 所示。

图 4–3　上投摩根大盘蓝筹股票基金与沪深 300 指数走势对比（来源：天天基金网）

上投摩根大盘蓝筹股票基金在最近 5 年中的收益率波动形态与沪深 300 指数比较吻合，不过，在最近几年里，当大盘指数上升时，基金收益增幅更大；反之，当大盘指数下跌时，基金收益下降幅度相对较小。

从某种意义上来说，能够在大盘上涨时比大盘涨得更好，在大盘下跌时，比大盘跌得少，这就是典型的优质基金了。

第二节　小盘成长类股票型基金投资分析

小盘股的划分标准一直是仁者见仁、智者见智的。前面提到过，一般将市值在 50 亿元以下的股票称为小盘股。不过，若按照此标准，可能市场上大部分小盘股都是垃圾股和即将退市的股票，因而，很多股票型基金在选择小盘股时，所选的股票只是相对大盘而言的小盘股。

比如，景顺长城量化小盘股票基金对小盘股的定义如下：“本基金每半年对中国 A 股市场中的股票按流通市值从小到大排序并相加，累计流通市值占比达到总流通市值 40% 的股票为小盘股票。”也就是说，按照该基金所定义的小盘股，市场上半数以上的股票都可能属于小盘股范畴，毕竟这些小盘股的市值远远小于大盘股。由于小盘股市值相对较小，同时，有些小盘股也是所属行业的佼佼者，因而，这些股票相对大市值股票拥有更为广阔的成长空间。

一、小盘成长股的基本特征

相对于大盘蓝筹股，小盘股受到的关注相对较少。目前，以纯正小盘股为主要投资标的的基金品种很少，不过，最近两年有增加的趋势。

小盘成长股具有 3 个典型特征，如图 4–4 所示。

第一，市值比较小。其实，无论是通过市值从小到大排列，还是直接将市值在 50 亿元（或 200 亿元）以下的股票定义为小盘股，总之，这些股票的市值相对于大盘股来说是非常小的。比如，工商银行的市值接近 2 万亿元，而市值较小的中源家居等几只股票，其市值仅为 4 亿多元。大多数基金并不会建仓市值过小的股票，毕竟市值太小意味着流通性不足，而且对于规模较大的基金而言，小市值股票根本没有操作空间。近年来，随着市场上股票市值的不断增加，基金才开始关注小市值股票。

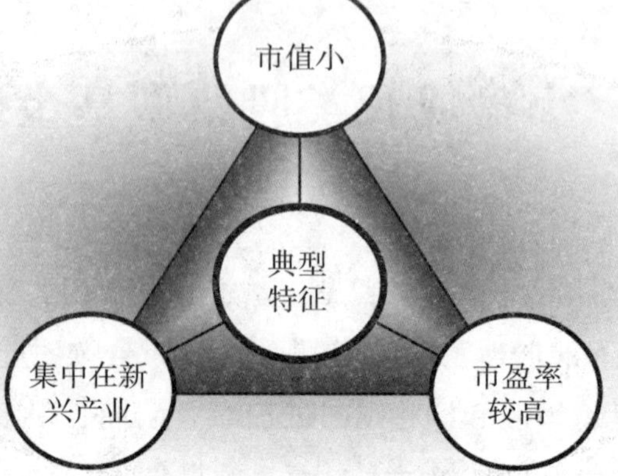

图 4-4　小盘成长股的典型特征

第二，集中于新兴产业。小市值股票多集中于新兴产业，如小科技企业、小型机械零部件企业、小型材料企业。这类企业往往属于朝阳产业，拥有相对广阔的发展空间。

第三，整体市盈率较高，具有较佳的成长性。由于小盘股的流通股本很少，当资金入场抢筹后，股价很容易上扬，促使市盈率提升。因此，市场上的小盘股整体市盈率都要比大盘股高，但这并不意味着小盘股的投资价值弱于大盘股，毕竟小盘股的成长空间更大。

二、影响小盘成长股走势的因素

小盘股由于市值过低，其波动幅度要远远大于大盘股。影响小盘成长股走势的因素多种多样，概括起来，包括以下几方面。

第一，企业业绩持续增长。

小盘成长股与大盘蓝筹股明显的不同在于，小盘成长股是否能持续保持成长性。通常情况下，小盘成长股的市盈率要远远高于大盘蓝筹股。市场之所以愿意为小盘成长股赋予较高的估值，就是因为市场认为这些小盘成长股的成长空间很大。不过，当这些小盘成长股无法持续增长时，那么，其高估值的逻辑将不复存在。

第二，大盘的整体走势。

在某些时段，尽管小盘成长股可能会走出独立于大盘的走势，但在大多数时候，小盘股的走势还是会与大盘股保持一致，只是这些小盘股的股价波动幅度更大。其实，这与大盘蓝筹股的走势与经济运行态势一致有关，也就是说，小盘股的走势也不可避免地会受到国民经济形势、国际政治形势的影响。

第三，资金的推动。

小盘成长股的市值较小，因而很容易成为资金追逐的目标。这些被资金追捧的股票在短期内可能出现较大的涨幅，同理，当资金撤出后，股价又会迅速回落。这也是小盘股经常暴涨暴跌的原因。

三、投资小盘成长股的基本逻辑

按照基本的价值投资逻辑，很多小盘成长股是难以成为候选投资标的的。但是，从经济基本面角度来看，可以发现另一种景象。由于民营经济发展时间相对较短，比照国有企业和外资企业，民营经济整体规模相对较小，但是，这些小企业是社会经济发展的重要推动力量。未来，随着国民经济水平的不断提升，这些小企业中的很多企业会逐渐走向强大，投资这些小盘成长股，就是希望跟随国民经济的发展脚步，从这些小企业发展壮大的过程中分享一部分红利。

对于普通投资者而言，投资小盘成长股的基本逻辑包括 3 个方面，如图 4–5 所示。

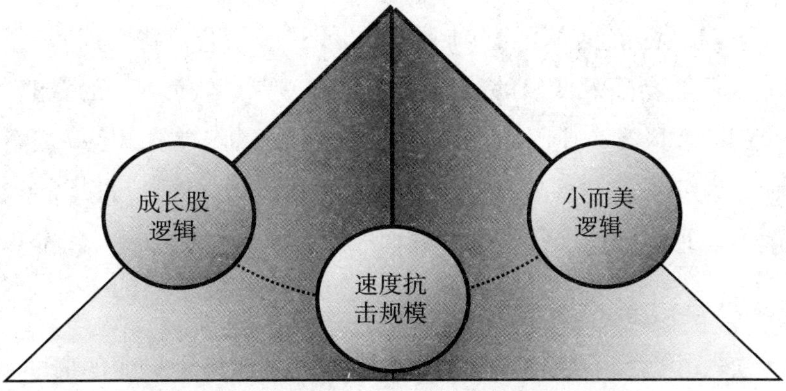

图 4–5　投资小盘成长股遵循的基本逻辑

第一，成长股逻辑。

成长股理论的奠基人是菲利普·A. 费雪，其投资风格与格雷厄姆有很大的不同。在费雪看来，一只股票的市盈率高必然有其背后的原因。

在费雪的思想体系中，股票的成长性而非低价是排在第一位的。投资者在分析股票的质地时，要重点寻找那些盈利即将大幅改善的企业，最好是盈余改善即将到来而市场并未推动股价上攻的标的股。比如，某只股票的市盈率可能达到了行业均值的两倍，表面上看，这只股票的价格已经偏高了，但是，若该企业的业绩增速远远高于行业平均水平的两倍，那么，这只股票就是一只非常值得投资的优质标的。

正因如此，在所有以小盘股为主要投资标的的基金中，都将股票的成长性看成其选股最重要的标准，同时兼顾企业的基本面、主营业务收入增长率、主营业务利润率等指标。当然，这些指标反映的也是企业的持续成长性。

第二，速度抗击规模。

市场竞争总是非常残酷的。对于小企业来说，要想在众多大型企业垄断中脱颖而出，只有靠更快的发展速度。很多小企业都曾有强有力的竞争产品，但因速度不够快而被其他企业超越、淘汰。正因如此，市场上的投资者对于发展速度快的小企业格外青睐，也只有这些企业才可能在未来的竞争中取胜。

第三，小而美逻辑。

企业发展到一定程度，很可能会出现典型的“大企业病”，如机构臃肿、运营效率下降、竞争能力下滑等问题。即使这些大企业曾经拥有极具竞争力的产品，也可能会陷入低效的旋涡。不过，一些“小而美”的企业往往可以避开这个问题。这类企业因为规模相对较小，所以不容易出现“大企业病”，另一方面，这些企业掌握着具有强大竞争力的产品，因此可以源源不断地获得超额收益。正因如此，很多基金倾向于寻找这类“小而美”的企业。

四、小盘成长类股票型基金梳理

截至 2020 年 2 月初，市场上以小盘成长股为投资标的的股票型基金有 10 只（不包括指数型基金）左右，表 4–5 列出了其中 5 只基金的情况。

表 4–5　以小盘成长股为主要投资标的的股票型基金

基金名称	所属公司	1 年内涨幅	3 年内涨幅	5 年内涨幅	现任基金经理
广发小盘成长混合	广发基金	119.91%	114.33%	121.78%	刘格菘
申万菱信量化小盘股票	申万菱信基金	25.74%	–0.67%	93.16%	袁英杰
国联安小盘精选混合	国联安基金	22.79%	5.95%	44.2%	邹新进
中融量化小盘股票	中融基金	21.4%	—	—	易海波
景顺长城量化小盘股票	景顺长城基金	21.6%	—	—	黎海威

注：截至 2020 年 2 月 7 日。

由于市场上以纯正小盘股为投资标的基金产品相对较少，因而可供比较的对象不多，未来市场上发行的小盘股基金可能会多起来。小盘成长类股票型基金的平均收益情况与大盘指数的对比如表 4–6 所示。

表 4–6　小盘成长类股票型基金的平均收益与大盘指数走势对比

对比项目	1 年内涨幅	3 年内涨幅	5 年内涨幅
股票型基金平均收益	42.29%	39.87%	86.38%
上证指数	8.37%	–8.79%	–7.08%
沪深 300 指数	17.95%	15.87%	16.56%

注：截至 2020 年 2 月 7 日。

通过表 4–5 和表 4–6 的对比，可以总结出如下几个特征。

第一，以小盘成长股为投资标的的股票型基金，整体表现要远远好于大盘指数的走势。特别是从长期来看，5 年内股票型基金的平均涨幅达到了 86.38%，而沪深 300 指数的涨幅仅为 16.56%，上证指数的涨幅为 –7.08%，这也说明以小盘股为投资标的的股票型基金的平均收益要优于指数型基金。同时，小盘类股票型基金的平均涨幅也要优于大盘蓝筹类股票型基金。

第二，即使同属于以小盘股为投资标的的股票型基金，其运作效率和收益水平相差同样较大。以最近一年的收益情况为例，股票型基金的平均收益为 42.29%，而在给出的 5 只股票型基金中，优于平均收益水平的基金仅有一只，即广发小盘成长混合基金，其涨幅达到了 119.91%。换句话说，整个小盘成长类股票型基金的平均涨幅其实是被该基金给拉升上去的，其他几只基金的平均涨幅仅在23%左右，这一数据要低于大盘蓝筹类股票型基金。

第三，将时间线拉长，更能看出股票型基金的运作效果。从3年时间来看，小盘成长类股票型基金的平均收益仍有39.87%。当然，参与平均计算的基金只剩下了3只，其中还有一只基金的收益为负数，即申万菱信量化小盘股票基金的收益为–0.67%，而同期的收益冠军广发小盘成长混合基金的收益达到了114.33%。由此可见，不同的基金公司、不同的基金经理运作的小盘股基金收益差距很大，投资者在选择基金时必须慎重。

第四，从5年期收益来看，广发小盘成长混合基金的收益仍是最高的，达到了121.78%。不过，3年内取得负收益的申万菱信量化小盘股票基金也取得了93.16%的收益，这一收益水平要比大盘蓝筹股票型基金高很多。其实，这一方面说明小盘股票型基金的收益波动幅度较大，另一方面也说明，认准一只基金并长期持有，可能会有不错的收益。

五、典型基金品种——广发小盘成长混合基金

广发小盘成长混合基金成立于2005年2月2日，是以挖掘具有高成长性的小市值公司股票、寻求资本的长期增值为基本投资策略的基金。

1. 基金基本情况

广发小盘成长混合基金的基本情况如表4–7所示。

表4–7　广发小盘成长混合基金基本情况

所属基金公司	广发基金	创立日期	2005.2.2
基金规模	46.41亿元（2019.12.31）	基金评级	★★★★
现任基金经理	刘格菘（2020.2.7）	任职开始时间	2017.6.19
基金经理任期回报	92.94%（2020.2.7）	任期沪深300指数涨幅	9.74%

从基金的基本情况可以看出，该基金整体规模适中，比较有利于基金经理的运作。该基金经理在任职的两年多时间里，其间沪深300指数的涨幅为9.74%，而本基金的涨幅为92.94%，说明该基金经理的运作非常有效。基金

整体评级为四星级，也是属于较高评级的基金。

2. 基金持仓分布

截至2019年12月31日，该基金持仓股票按行业划分情况如图4–6所示。

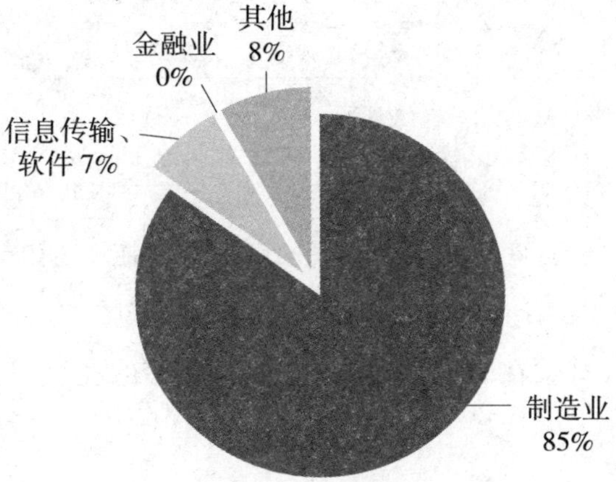

图4–6 基金持仓分布

从图4–6中可以看出，广发小盘成长混合基金近期持仓以制造业为主，占整个股票仓位的85%左右。不过，该基金的投资大部分集中于制造业中的电子科技行业和生物制药等细分行业。该基金最近一年涨幅较高，与其持仓的股票集中于电子科技行业有关，因为2019年电子科技行业走出了一波大幅上涨行情。

该基金的十大持仓股票及市值占比如表4–8所示。

表4–8 广发小盘成长混合基金的十大持仓股

序号	股票代码	股票名称	数量（股）	公允价值（元）	占基金资产净值比例(%)
1	300601	康泰生物	5 047 464	443 116 864.56	9.55
2	600703	三安光电	23 310 700	427 984 452.00	9.22
3	300661	圣邦股份	1 609 534	406 375 144.32	8.76
4	300014	亿纬锂能	7 148 820	358 584 811.20	7.73
5	600536	中国软件	4 459 090	319 672 162.10	6.89
6	603986	兆易创新	1 435 120	294 041 736.80	6.34
7	000063	中兴通讯	7 706 673	272 739 157.47	5.88

续表

序号	股票代码	股票名称	数量（股）	公允价值（元）	占基金资产净值比例（%）
8	002156	通富微电	15 712 377	258 468 601.65	5.57
9	300529	健帆生物	3 321 308	238 602 766.72	5.14
10	300457	赢合科技	6 835 693	232 071 777.35	5.00

资料来源：广发基金网站（截至 2019 年 12 月 31 日）。

从表 4–8 中可以看出，广发小盘成长混合基金近期的持仓中，偏好于科技类股票，如三安光电、圣邦股份、亿纬锂能、中兴通讯等。从市场环境来看，经过 2019 年的股市上升后，这些科技类股票涨幅相对较大，也正因如此，广发小盘成长混合基金在 2019 年取得了非常不错的业绩。

3. 基金收益情况

前面列举了广发小盘成长混合股票型基金在几个关键节点的收益率情况，下面再来看一下该基金收益与沪深 300 指数的走势对比情况，如图 4–7 所示。

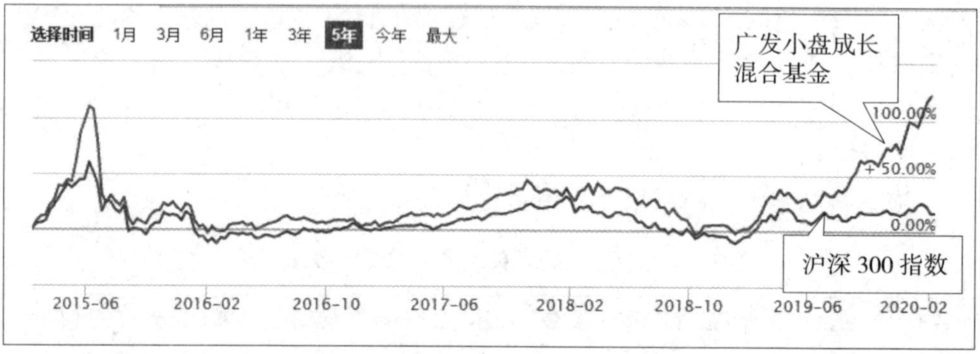

图 4–7　广发小盘成长混合基金与沪深 300 指数走势对比（来源：天天基金网）

广发小盘成长混合基金在最近 5 年中的收益率波动形态与沪深 300 指数比较吻合，不过，进入 2019 年之后，当大盘指数上升时，该基金收益大幅上升，这与 2019 年科技股的强势表现密不可分。

第三节　中小盘混合类股票型基金投资分析

中小盘股票涵盖范围相对更为宽泛，目前主要指除了大盘蓝筹股之外的股票。比如，易方达中小盘混合基金对中小盘股票的定义为："每季度末对中国 A 股市场的股票按流通市值自小到大进行排序，累计流通市值占 A 股总流通市值 2/3 的股票，称为中小盘股票。"相对于单纯的以小盘股为投资标的的股票型基金，中小盘混合基金的选股范围更大，基金经理的操作也更为灵活。

一、中小盘股票的基本特征

与小盘股相似，中小盘股票的成长空间也非常广阔，同时，中小盘混合基金可以根据市场环境的变化调整持仓股票，且调整的空间也要大于单纯的小盘股基金。当然，目前小盘股基金的投资范围也比较大（事实上，很多小盘股基金的持仓范围已经扩展至中盘股）。正因如此，中小盘股票的特点与小盘成长股的特点非常相似，如图 4–8 所示。

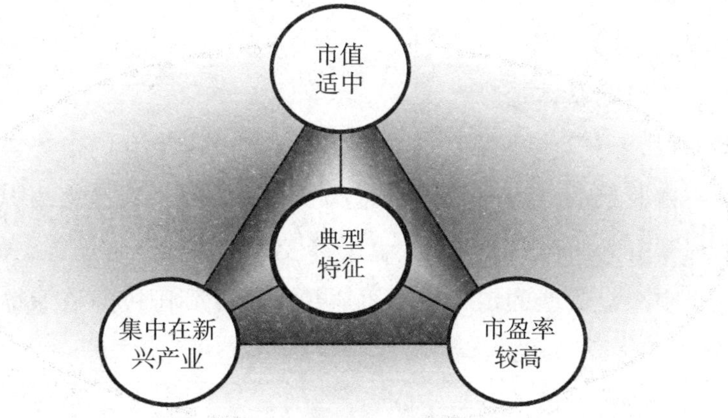

图 4–8　中小盘股票的典型特征

第一，市值适中。按照市值排名划定的中小盘股票，涵盖了市场上除大盘蓝筹股的绝大多数股票。这些股票的市值有的已经超过了千亿元，有的只有几十亿元，这就为基金经理的操作提供了非常大的空间。同时，由于基金持股的范围较广，也为一些规模较大的基金提供了入场机会。

第二，集中于新兴产业。中小市值的股票与小市值股票相似，大多数集中于新兴产业，如科技产业、互联网产业、生物医药产业。

第三，整体市盈率较高，具有较佳的成长性。中小盘股票大部分属于新兴产业，属于典型的朝阳产业，很多企业还处于高速上升期，市场上的投资者比较看好这些股票，因而，这些股票的市盈率普遍偏高。

二、影响中小盘股票走势的因素

影响中小盘股票走势的因素与小盘股比较相似，但也与整个行业的成长空间相关联，毕竟很多行业龙头也都属于中小盘股票。概括起来，影响中小盘股票走势的因素包括以下几个方面。

第一，企业业绩增长的持续性。

中小盘股票是否能保持持续的成长性，是决定其股价能否持续上涨的关键。通常情况下，中小盘股票的市盈率要远远高于大盘蓝筹股。之所以投资者愿意为中小盘成长股赋予较高的估值，就是因为投资者认为这些中小盘股票的成长空间很大。当中小盘股票无法持续增长时，那么，其高估值的逻辑将不复存在。

第二，大盘的整体走势。

某些时段，尽管中小盘股票可能会走出独立于大盘的走势，但在大多数时候，中小盘股票的走势还是会与大盘股保持一致，只是这些中小盘股票价格的波动幅度更大。其实，这和大盘蓝筹股的走势与经济运行态势一致有关。也就是说，中小盘股票的走势也不可避免地会受到国民经济形势、国际政治形势的影响。

第三，行业的发展前景与空间。

中小市值企业所处行业的发展前景和发展空间，是市场为企业估值的重要参考因素。一些成长空间广阔的行业，其龙头企业会被赋予较高的估值，其股价自然也会相对较高；反之，一些夕阳产业中的企业，其估值很难获得提升。

三、投资中小盘股票的基本逻辑

如果说投资大盘蓝筹股是建立在价值投资理论基础之上的，小盘股投资是建立在成长股投资理论基础之上的，那么，投资中小盘股票则兼具了价值投资理论和成长股理论的特征。

对于普通投资者而言，投资中小盘股票的基本逻辑包括 3 个方面，如图 4–9 所示。

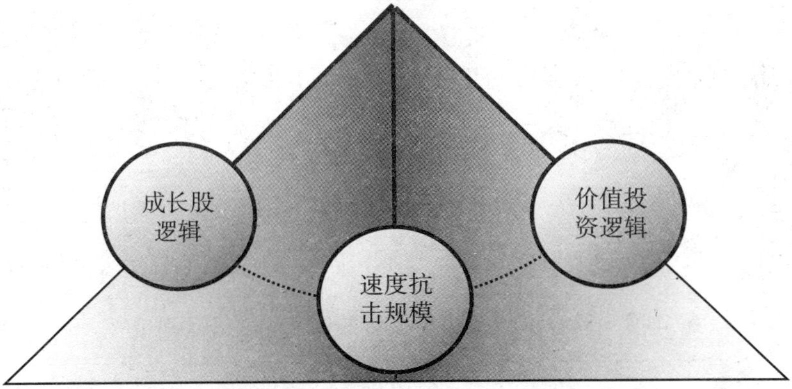

图 4–9 投资中小盘股票所遵循的基本逻辑

第一，成长股逻辑。

与小盘股相似，中小盘股票投资遵循的基础理论也是菲利普 · A. 费雪创立的成长股理论。

在费雪的思想体系中，股票的成长性而非低价是排在第一位的。投资者在分析股票的质地时，要重点寻找那些盈利即将大幅改善的企业，最好是盈余改善即将到来而市场并未推动股价上攻的标的股。比如，某只股票的市盈率可能达到了行业均值的两倍，表面上看，这只股票的价格已经偏高了，但是，若该企业的业绩增速远远高于行业平均水平的两倍，那么，这只股票就是一只非常值得投资的优质标的。

正因如此，所有以中小盘股为主要投资标的的基金，都将股票的成长性作为其选股最重要的标准，同时兼顾企业的基本面、主营业务收入增长率、主营业务利润率等指标。当然，这些指标反映的也是企业的持续成长性。

第二，价值投资逻辑。

很多中小盘股票都是各自行业内的龙头企业。尽管这些企业的规模无法与大盘蓝筹股相比，但其强劲的业绩增长能力，强大的核心竞争力，都将保障企业的可持续增长，因而，在这一范畴内，有很多具有长线投资价值的标的。

第三，速度抗击规模。

与小盘成长股相同，速度优势也是中小盘股票的主要优势。市场上的投资者对于发展速度快的中小企业格外青睐，当然，若企业已经颇具规模，且仍能保持较快的发展速度，那么，更有可能被列为基金公司投资的重点标的。

四、中小盘混合类股票型基金梳理

截至2020年2月初，市场上以中小盘股票为投资标的的股票型基金很多，成立时间在5年以上的大约有28只（不包括指数型基金），如表4–9所示。

表4–9　以中小盘股票为主要投资标的的股票型基金

基金名称	所属公司	1年内涨幅	3年内涨幅	5年内涨幅	现任基金经理
易方达中小盘混合	易方达基金	48.31%	98.69%	176.75%	张坤
长信量化中小盘股票	长信基金	36.87%	–14.26%	22.32%	左金宝
农银中小盘混合	农银汇理基金	54.09%	26.42%	65.12%	赵伟
泰达宏利领先中小盘混合	泰达宏利基金	50.95%	41.91%	–2.94%	庄腾飞
光大中小盘混合	光大基金	52.29%	23.41%	94.01%	陈栋
招商中小盘混合	招商基金	66.37%	58.57%	67.97%	韩冰
汇丰晋信中小盘股票	汇丰晋信	66.43%	38.36%	30.64%	侯玉琦
泰信中小盘精选混合	泰信基金	84.39%	36.93%	50.85%	刘杰
长城中小盘成长混合	长城基金	57.5%	67.95%	64.57%	何以广

续表

基金名称	所属公司	1 年内涨幅	3 年内涨幅	5 年内涨幅	现任基金经理
银华中小盘混合	银华基金	72.12%	72.26%	195.94%	李晓星
国泰中小盘成长混合	国泰基金	69.74%	20.14%	119.61%	杨飞
诺安中小盘精选混合	诺安基金	15.4%	17.48%	78.17%	韩冬燕
工银中小盘混合	工银基金	73.29%	27.04%	52.73%	黄安乐
信达澳银中小盘混合	信达澳银基金	67.5%	57.27%	73.36%	曾国富
诺德中小盘混合	诺德基金	50%	35.5%	46.99%	王赟
上投摩根中小盘混合	上投摩根	89.67%	63.6%	71.94%	郭晨
景顺长城中小盘混合	景顺长城	41.89%	36.03%	71.2%	李孟海
华安中小盘成长混合	华安基金	64.64%	29.03%	72.08%	李欣
国富中小盘	国海富兰克林	31.81%	46.09%	125.04%	赵晓东
金鹰中小盘精选混合	金鹰基金	66.77%	47.85%	71.25%	吴德瑄
中邮中小盘灵活配置混合	中邮基金	42.53%	21.07%	44.51%	杨欢
信诚中小盘混合	信诚基金	102.18%	60.12%	65.65%	郑伟
长盛中小盘精选混合	长盛基金	22.35%	–4.4%	–35.93%	陈亘新
中银中小盘成长混合基金	中银基金	49.54%	19.68%	17.73%	王伟
建信中小盘先锋股票	建信基金	38.81%	12.86%	49.4%	许杰
大成中小盘混合	大成基金	61.15%	84.41%	182.72%	魏庆国
海富通中小盘混合	海富通基金	78.87%	32.45%	12.09%	范庭芳
富国中小盘精选混合	富国基金	94.36%	74.65%	80.22%	曹晋

注：截至 2020 年 2 月 7 日。

市场上以中小盘股票为投资标的的股票型基金比较多，而且还有进一步增加的趋势。我们列举了成立时间在 5 年以上的 28 只中小盘混合类股票型基金，下面来看表 4–10 所示的中小盘混合类股票型基金的平均收益情况与大盘指数的对比。

表 4–10　中小盘混合类股票型基金的平均收益与大盘走势对比

对比项目	1 年内涨幅	3 年内涨幅	5 年内涨幅
股票型基金平均收益	58.92%	40.22%	70.14%
上证指数	8.37%	–8.79%	–7.08%
沪深 300 指数	17.95%	15.87%	16.56%

注：截至 2020 年 2 月 7 日。

通过表 4–9 和表 4–10 的对比，可以总结出如下几个特征。

第一，以中小盘股票为投资标的的股票型基金，整体表现要远远好于大盘指数的走势，特别是从长期来看，5 年内中小盘股票型基金的平均涨幅达到了 70.14%，而沪深 300 指数的涨幅仅为 16.56%，上证指数的涨幅为 –7.08%，这也说明以中小盘股票为投资标的的股票型基金的平均收益要优于指数型基金。同时，中小盘股票型基金的平均涨幅优于大盘蓝筹类股票型基金，但稍稍落后于小盘成长类股票型基金。

第二，即使同属于以中小盘股票为投资标的的股票型基金，其运作效率和收益水平相差同样较大。以最近一年的收益情况为例，中小盘股票型基金的平均收益为 58.92%，在 28 只中小盘股票型基金中优于平均收益水平的基金有 14 只，其中表现最好的是信诚中小盘混合基金，其收益率达到 102.18%；表现最差的是诺安中小盘精选混合基金，其收益仅为 15.4%，两者之间的差距非常大。

第三，将时间线拉长，更能看出中小盘股票型基金的运作效果。从 3 年时间来看，中小盘股票型基金的平均收益仍有 40.22%（由于其间经历了一次熊市，所以无论是指数还是中小盘股票型基金的收益都相对较低）。同期沪深 300 指数的涨幅仅为 15.87%，而上证指数为 –8.79%，这就看出中小盘股票型基金运作的优势了。在 28 只基金中，取得平均收益以上的基金共有 12 只。由于 2019 年经历了一波小牛市，很多股票型基金都取得了不错的收益，因而中小盘股票型基金的收益普遍较高。将时间线拉长后，各只中小盘股票型基金的收益差距开始显现，收益最低的是长信量化中小盘股票基金，其收益为–14.26%，这不仅比收益最高的易方达中小盘混合基金的98.69%低很多，也比平均收益低很多。

第四，从5年期收益来看，银华中小盘混合基金的收益最高，为195.94%；其次为大成中小盘混合基金，其收益为182.72%；排第三的是易方达中小盘混合基金，其收益为176.75%。对比3只收益率超过100%的中小盘股票型基金可以发现一个现象，就是这3只中小盘股票型基金的收益相对比较稳定，不易出现暴涨暴跌的情况。这就属于典型的优质中小盘股票型基金。

五、典型基金品种——易方达中小盘混合基金

易方达中小盘混合基金成立于2008年6月19日，以挖掘具有竞争优势和较高成长性的中小盘股票为基本的投资策略，力求在有效控制风险的前提下，谋求基金资产的长期增值。

1. 基金基本情况

易方达中小盘混合基金的基本情况如表4–11所示。

表4–11　易方达中小盘混合基金基本情况

所属基金公司	易方达基金	创立日期	2008.6.19
基金规模	186.45亿元（2019.12.31）	基金评级	★★★★★
现任基金经理	张坤（2020.2.7）	任职开始时间	2012.9.18
基金经理任期回报	327.69%（2020.2.7）	任期沪深300指数涨幅	70.07%

从基金的基本情况可以看出，该基金整体规模较大，基金经理在选股时，肯定会倾向于选择盘子稍大的股票。在该基金经理7年多的任职时间内，沪深300指数的涨幅为70.07%，而本基金的涨幅为327.69%，说明该基金经理的运作非常有效。特别是在张坤执掌基金的7年时间里，市场经历了多次牛熊转换，该基金仍能保持强势上升状态，更加可以证明基金经理运作的效率。该基金整体评级为五星级，属于市场上最高评级的基金。

2. 基金持仓分布

截至2019年12月31日，该基金持仓股票按行业划分情况如图4–10所示。

从图4–10中可以看出，易方达中小盘混合基金近期持仓以制造业为主，占整个股票仓位的76%以上。不过，该基金的投资大部分集中于制造业中的大消费行业和生物制药等细分行业。该基金最近一年涨幅相对较小，也与消费品行业涨幅相对较小有关。

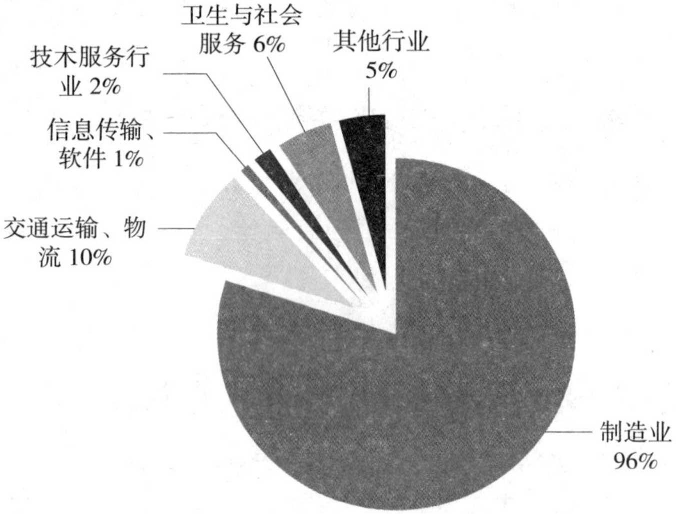

图4–10　基金持仓分布

该基金的十大持仓股票及市值占比如表4–12所示。

表4–12　易方达中小盘混合基金的十大持仓股

序号	股票代码	股票名称	数量（股）	公允价值（元）	占基金资产净值比例（%）
1	600690	海尔智家	97 000 000	1 891 500 000.00	10.15
2	000568	泸州老窖	21 379 566	1 853 180 780.88	9.94
3	600519	贵州茅台	1 520 000	1 798 160 000.00	9.64
4	600009	上海机场	22 000 000	1 732 500 000.00	9.29
5	000858	五粮液	12 800 000	1 702 528 000.00	9.13

续表

序号	股票代码	股票名称	数量（股）	公允价值（元）	占基金资产净值比例（%）
6	002007	华兰生物	46 000 018	1 616 900 632.70	8.67
7	300015	爱尔眼科	27 000 022	1 068 120 870.32	5.73
8	600161	天坛生物	34 400 024	961 136 670.56	5.16
9	002032	苏泊尔	12 500 000	959 750 000.00	5.15
10	600066	宇通客车	65 000 046	926 250 655.50	4.97

资料来源：易方达基金网站（截至 2019 年 12 月 31 日）。

从表 4–12 中可以看出，易方达中小盘混合基金近期的持仓中，偏好于消费品类中的白酒、家电等股票，如泸州老窖、五粮液、贵州茅台以及海尔智家、苏泊尔等。从市场环境来看，这些股票具有典型的抗跌性质，但在牛市中，其涨幅可能比不上科技股，但熊市来临时，这些股票的跌幅也会小很多。

3. 基金收益情况

下面来看该基金收益与沪深 300 指数的走势对比情况，如图 4–11 所示。

图 4–11 易方达中小盘混合基金与沪深 300 指数走势对比（来源：天天基金网）

易方达中小盘混合基金在最近 5 年中的收益率波动形态与沪深 300 指数相吻合，不过，当沪深 300 指数呈上攻走势时，基金的收益增幅更大；当沪深 300 指数呈现下跌态势时，基金的收益降幅相对较小，这也从侧面说明了基金经理的运作比较有效。

另外，混合型基金有一个比纯股票型基金更为明显的优势，即熊市来临时，混合型基金可以将股票仓位降低至60%左右，通过投资债券来对冲投资股票的损失，从而拉低基金的整体亏损水平。反之，牛市来临时，基金经理可以将基金的整体仓位提升至95%的水平，以最大限度地收割牛市的红利。易方达中小盘混合基金在这方面做得比较好。

六、典型基金品种——银华中小盘混合基金

银华中小盘混合基金成立于2012年6月20日，以挖掘具有竞争优势和较高成长性的中小盘股票为基本的投资策略，力求在有效控制投资组合风险的前提下，寻求基金资产的长期增值。

1. 基金基本情况

银华中小盘混合基金的基本情况如表4–13所示。

表4–13　银华中小盘混合基金基本情况

所属基金公司	银华基金	创立日期	2012.6.20
基金规模	51.32亿元（2019.12.31）	基金评级	★★★★
现任基金经理	李晓星（2020.2.10）	任职开始时间	2015.7.7
基金经理任期回报	122.34%（2020.2.10）	任期沪深300指数涨幅	–0.31%

从基金的基本情况可以看出，该基金整体规模适中，基金经理在选股时，运作的空间相对较大。该基金经理任职的4年多时间里，沪深300指数的涨幅为–0.31%，而本基金的涨幅为122.34%，说明该基金经理的运作非常有效。基金整体评级为四星级，属于市场上评级较高的基金。

2. 基金持仓分布

截至2019年12月31日，该基金持仓股票按行业划分情况如图4–12所示。

从图4–12中可以看出，银华中小盘混合基金近期持仓以制造业为主，占整个股票仓位的64%左右。该基金的投资大部分集中于制造业中的大消费行业、科技行业和生物制药等细分行业。由于科技股持仓较高，而2019年

科技股出现了一波大幅上攻走势，所以该基金最近一年涨幅相对较高。同时，从该基金的持仓分布可以看出，该基金的持仓分布比较广，这在一定程度上可以对冲局部股价下跌带来的风险。

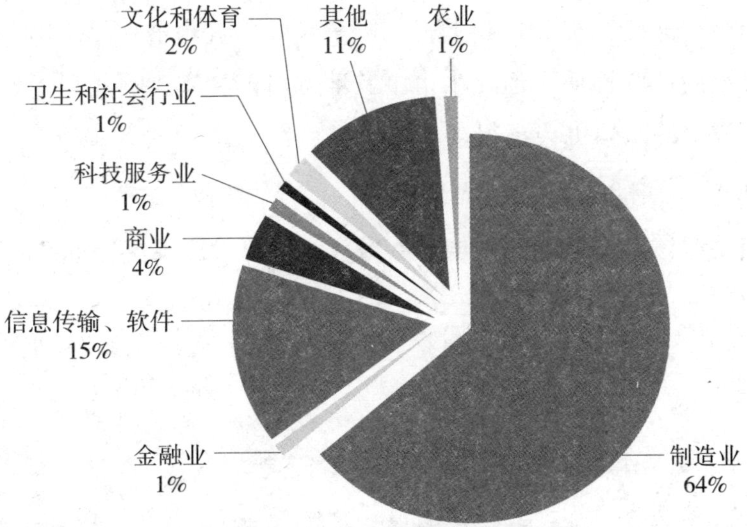

图 4–12　基金持仓分布

该基金的十大持仓股票及市值占比如表 4–14 所示。

表 4–14　银华中小盘混合基金的十大持仓股

序号	股票代码	股票名称	数量（股）	公允价值（元）	占基金资产净值比例（%）
1	000568	泸州老窖	4 223 637	366 104 855.16	7.13
2	002475	立讯精密	9 267 747	338 272 765.50	6.59
3	002008	大族激光	8 389 792	335 591 680.00	6.54
4	300770	新媒股份	2 013 650	261 774 500.00	5.10
5	000860	顺鑫农业	4 952 184	260 881 053.12	5.08
6	000651	格力电器	3 776 384	247 655 262.72	4.83
7	603444	吉比特	818 156	244 211 384.44	4.76
8	000858	五粮液	1 676 677	223 014 807.77	4.35
9	600276	恒瑞医药	2 275 298	199 134 080.96	3.88
10	002027	分众传媒	30 861 595	193 193 584.70	3.76

资料来源：银华基金网站（截至 2019 年 12 月 31 日）。

从表 4–14 中可以看出，银华中小盘混合基金近期的持仓中，偏好于科技股和消费股等。从市场环境来看，2019 年的股市上涨走势在很大程度上是科技股引领的，因而该基金的收益也是相当不错的。同时，该基金还持有一定数量的消费品股票，如泸州老窖、顺鑫农业、五粮液、格力电器，这些股票具有典型的抗跌性质，但在牛市中其涨幅可能比不上科技股，但熊市来临时，这些股票的跌幅也会小很多。

3. 基金收益情况

下面来看该基金收益与沪深 300 指数的走势对比情况，如图 4–13 所示。

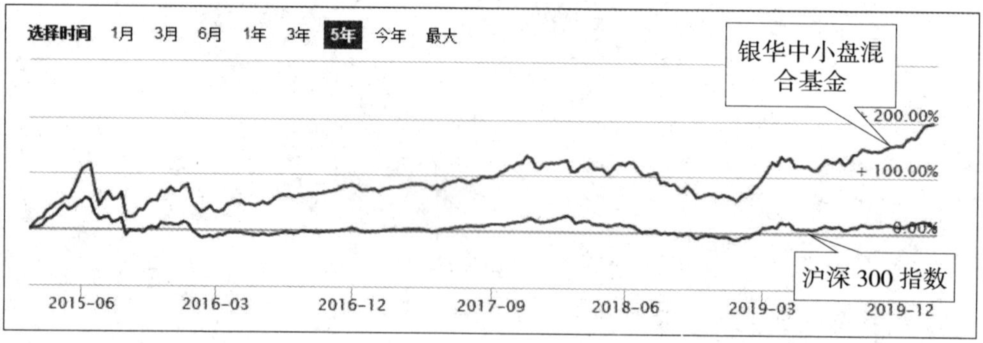

图 4–13　银华中小盘混合基金与沪深 300 走势对比（来源：天天基金网）

银华中小盘混合基金在最近 5 年中的收益率波动形态与沪深 300 指数比较吻合，不过，从基金净值走势来看，在 2018 年指数下跌时，基金净值下跌幅度较大；而在 2019 年指数上涨时，基金净值上涨幅度较大。这也说明该基金的波动幅度偏大，比较适合风险承受能力较高的投资者。

第五章

行业股票型基金投资

目前，市场上的行业有很多，且划分标准不同行业的分类也不相同。申银万国行业分类标准是目前很多基金公司采用的一个标准，按照申银万国行业分类标准，可以将市场上的行业划分成 28 个一级行业、104 个二级行业和 227 个三级行业。其中，一级行业如下表所示。

序号	行业	序号	行业	序号	行业	序号	行业
1	采掘	8	机械设备	15	服装纺织	22	通信
2	化工	9	国防军工	16	医药生物	23	公用事业
3	钢铁	10	汽车	17	商业贸易	24	交通运输
4	有色金属	11	家用电器	18	休闲服务	25	房地产
5	建筑材料	12	轻工制造	19	电子	26	银行
6	建筑装饰	13	农林牧渔	20	计算机	27	非银金融
7	电气设备	14	食品饮料	21	传媒	28	综合

很多行业的股票在价格波动方面会呈现出相似走势，因而，有些基金公司开发了专门针对某一特定行业或几个行业组合的股票型基金。当然，这种针对特定行业的股票型基金涵盖的范围多为消费品行业、科技互联网行业、高端制造行业等蓝筹股、白马股较多的行业。本章选择其中比较重要的几个行业进行介绍。

第一节　消费品行业股票型基金投资分析

大家都知道，消费品行业是一个白马股集中的行业，因此，很多基金公司都专门成立了以消费品行业股票为投资方向的基金产品。

一、消费品行业构成

人口众多是我们需要面对的一个最大的现实。人多，就要吃喝，就要消费，因而，未来对消费品仍旧会保持旺盛的需求。也就是说，无论现在还是未来，消费品行业都会处于成长期。当然，这并不意味着所有消费品企业的业绩都会有较快的增长，毕竟消费者的口味是在不断变化的，只有紧跟消费者口味变化的企业，才能在未来的竞争中取胜。

同时，随着经济的不断发展，人们的生活水平不断提高，大家的消费结构、质量和层次也在不断提升。未来相当长的一段时间内，消费结构升级将会催生许多成长型企业。本次消费结构升级主要涉及医疗健康产业，教育产业，娱乐文化产业，交通、住宅与旅游等产业。同时，个人差异化需求也将催生很多与众不同的、和我们通常所理解的企业业务不同的新兴企业。

本章介绍的消费品行业，涵盖了通常所说的快速消费品（白酒行业、饮料行业以及食品行业）和家用电器行业等。在消费品行业的诸多细分领域，白酒行业和食品行业是白马股频出的行业，也是受基金青睐的行业。

二、消费品行业面临的机会

作为一个永不过时的行业，相比其他行业，大众消费行业孕育的投资机会最多，这种历史性的发展机遇与以下几方面因素密不可分。

1. 消费支出增长拉动 GDP

随着社会各项投资拉动经济增长的能力趋弱，消费支出对 GDP 增长的贡献越来越大，消费支出已经成为拉动国民经济增长最大的推动器。特别是 2018 年，消费支出对 GDP 增长的贡献率超过了 70%，如图 5–1 所示。

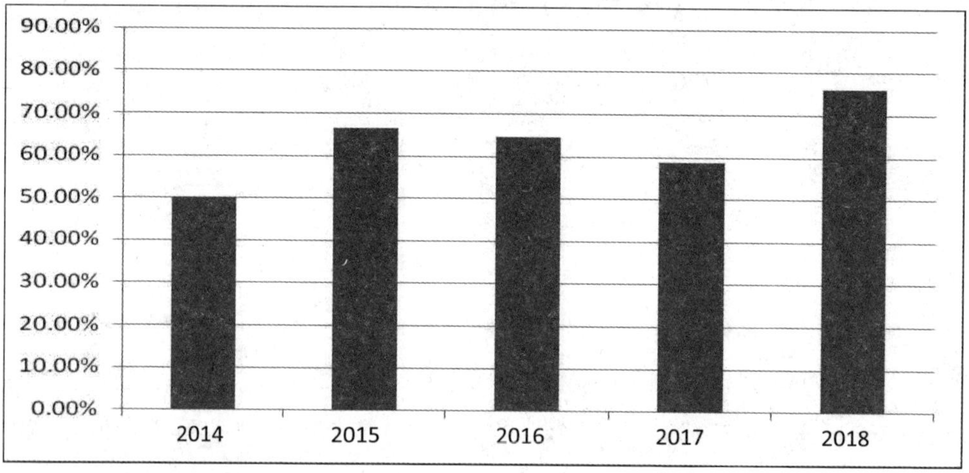

图 5–1　消费支出对 GDP 的贡献率

从图 5–1 中可以看出，2015 年以后，消费支出对 GDP 的贡献率全部超过了 50%。与此同时，近年来，社会消费品零售增速始终高于 GDP 增速，消费支出成为推动 GDP 增长的主要力量。近年来，随着国际贸易形势不确定性因素的增加，内部投资趋于平缓，GDP 的增长越来越依靠消费支出来推动。在这种情况下，政府也会出台拉动消费增长的举措，以促进社会经济的发展。这些宏观经济措施无疑可以带动企业相关产品的销售，从而推动相关生产企业乃至行业的发展。

2. 城镇化趋势加强

随着国民经济的发展，城镇化水平越来越高，加之棚户区改造、城中村改造以及旧城改造，都将推动和提升城镇化水平。比如，棚户区改造往往是通过实物安置与货币补偿两种方式安置原有居民的，实物安置将会给这些居民提供新的居住环境，货币补偿将会刺激这部分居民的消费需求，从而直接拉动消费品产业的发展。

未来，随着城镇化水平的进一步提升，农村劳动力和居民还将大量向城市转移，这无疑会拉动消费品产业的快速发展。近年来的城镇化水平如图 5–2 所示。

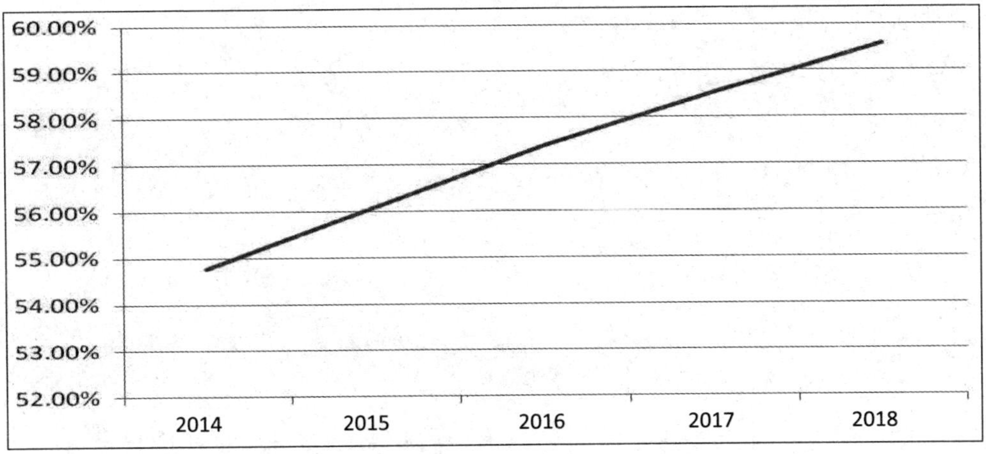

图 5–2 城镇居民占总人口比率

从图 5–2 中可以看出，近年来，我国的城镇化率一直呈上升态势，2018 年达到了 59.58%，不过，距离发达国家平均 75% 的城镇化水平还有很大的提升空间。也就是说，未来很多年内，城镇化水平还将进一步提升，相应地，其对消费行业的提振作用将一直存在。

3. 农民收入提升

相比城镇居民，农民的收入水平还比较低，论消费结构与消费水平，都与城镇居民具有很大的不同。近年来，随着农民收入水平的提升，其消费支出的增幅比城镇居民还要大，当然，这与农民本身消费能力较低有关。近年来，农村居民的居住消费和医疗消费一直处于较快增长中，而食品、服装消费增速提升幅度开始变小，这与农村居民近年收入增速较高有关。也就是说，当收入增长到一定程度后，服装和食品的消费支出必然会降低，这也属于一次消费升级。与此同时，中央的精准扶贫政策也将拉动消费行业发展。

4. 地产消费占比下降

站在一个更宏观的角度来看待消费支出情况，可以发现地产支出对消费支出具有明显的挤出效应。也就是说，当居民将更多的钱用于购买住房时，消费支出必然会被抑制；反之，当居民购房所需支出的款项减少时，必然会推动消费能力的提升。

随着中央为房地产市场定调“房住不炒”，之后采取了一系列调控措施，使得整个房地产市场开始趋于平稳。各大一线城市的房地产销售增速开始下滑，居民用于购房的一次性首付款增速也同步下滑，这都有利于居民将更多的资金用于消费支出方面。

5. 人口结构切换

未来对人口结构产生深刻变化的两大因素包括老龄化和二胎政策。

（1）老龄化。

随着生活水平、医疗水平的提升，人们的平均寿命不断延长，我国很多省市已经提前进入老龄化社会。随之而来的，老年护理服务、保健用品等消费将会出现持续快速增长，这无疑会刺激相关产业的发展。

（2）二胎政策。

随着全面放开二胎政策的推行，越来越多的家庭选择生育两个孩子。生育两个孩子的家庭不断增加，必然会刺激相关产业的发展，如更多的婴幼儿用品、适合两个孩子的睡床以及玩具，甚至育婴服务、幼儿保健服务等，都可能会呈现大幅增长态势。

6. 个税改革

政府通过个税改革，在提升个税起征点的同时，又增加了医疗、养老、教育以及住房等方面的抵扣，这在一定程度上减轻了居民的税负，无疑将增加这部分人群的消费能力。个税改革最大的受益者为中高端收入者，通过为这部分人群减税，无疑可以刺激中高端人群的消费能力，带动相关产品的消费。

三、投资消费品行业股票的基本逻辑

在众多行业中，消费品行业属于竞争最充分的行业，同时，经过数十年的激烈竞争，一批龙头企业脱颖而出，成为市场上的“佼佼者”。从某种意义上来说，投资消费品行业就应该选择这些龙头企业或者有潜力成为龙头的企业。

投资消费品行业需要遵循几个基本逻辑，如图 5–3 所示。

图 5–3 投资消费品行业应遵循的投资逻辑

第一，品牌成就王者。

在消费品领域，品牌就是企业最好的护城河。比如贵州茅台、五粮液强大的品牌影响力，奠定了其在白酒领域的地位，同时在消费者心中得到固化。也就是说，在消费者心中，高端品牌对应高价格，低端品牌对应低价格，这就为试图从中低端进入高端的白酒企业设置了难以逾越的障碍。

在可以预见的未来，贵州茅台、五粮液仍可以凭借其独一无二的品牌优势获得超额利润，其他白酒企业则不得不继续努力塑造自己的品牌，强化品牌在消费者心目中的地位。同理，在家电领域，格力、海尔、美的的品牌号召力也十分强大。

第二，稳定且可持续增长。

这是投资者选择股票最重要的一条标准。特别是在消费品领域，一个品牌能否获得消费者的认可，一个显著的标志就是其增长态势能否保持。比如，贵州茅台从2015年至今连续保持了多年的高速增长，而且未来这种态势持续的可能性很大。当然，贵州茅台确实是一个特例，它的销售增长在很大程度上受制于自身的生产能力，而非外在的市场环境。

对于投资者来说，无论何种环境或者何种企业，只有业绩持续增长，股价才能持续上涨。

第三，数一数二原则。

食品制造领域是一个充分竞争的领域，没有很高的技术壁垒可以保护企业，因此，从激烈的市场竞争中脱颖而出的企业，往往需要具有更强的竞争能力和更优秀的管理能力。从这一行业中选择投资标的时，要优先选择那些在细分行业中占据前两名的企业。并不是说排名靠后的企业投资收益一定不好，尤其是面对如此广大的消费市场。不过，食品制造领域可选择的标的有限，还是要尽可能地优中选优。

第四，优先选择细分领域内的龙头企业。

垄断，并不是一个褒义词。然而，站在投资者的立场上，如果要寻找合适的投资标的，某一领域内的垄断者无疑是最佳的选择，这也是巴菲特为什么那么热衷持有可口可乐的原因。在一个较大的分类市场中，若无法找到一个垄断性企业时，可以考虑将行业再细分，并在细分领域内寻找龙头企业。

四、消费品行业股票型基金梳理

截至2020年2月初，市场上以消费品行业股票为投资标的的股票型基金有几十只，成立时间在5年以上的大约有27只（不包括指数型基金），如表5–1所示。

表5–1　以消费品行业股票为主要投资标的的股票型基金

基金名称	所属公司	1年内涨幅	3年内涨幅	5年内涨幅	现任基金经理
易方达消费行业股票	易方达基金	40.7%	97.62%	154.51%	萧楠
中海消费混合	中海基金	58.36%	48.24%	69.44%	姚晨曦

续表

基金名称	所属公司	1 年内涨幅	3 年内涨幅	5 年内涨幅	现任基金经理
长城消费增值混合	长城基金	40.02%	32.22%	33.5%	龙宇飞
广发消费品精选混合	广发基金	36.78%	51.76%	98.13%	李琛
大成消费主题混合	大成基金	41.33%	27.71%	69.02%	齐炜中
浦银安盛消费升级混合 A	浦银安盛基金	37.97%	14.86%	36.87%	杨岳斌
华夏消费升级灵活配置混合 C	华夏基金	32.17%	56.03%	82.4%	黄文倩
建信消费升级混合	建信基金	40.43%	34.66%	75.99%	邱宇航
汇丰晋信消费红利股票	汇丰晋信基金	35.09%	55.7%	68.68%	是星涛
汇添富消费行业混合	汇添富基金	53.05%	105.47%	161.92%	胡昕炜
富国消费主题混合	富国基金	58.33%	55.37%	50.64%	王园园
华宝宝康消费品	华宝基金	47.64%	45%	65.99%	胡戈游
华安安信消费混合	华安基金	77.65%	64.43%	122.05%	饶晓鹏
信达澳银消费优选混合	信达澳银基金	40.06%	3.88%	19.82%	曾国富
工银消费服务混合	工银基金	25.77%	38.51%	77.25%	王筱苓
金元顺安消费主题混合	金元顺安基金	24.44%	33.26%	1.33%	郭晨
天治新消费混合	天治基金	40.27%	22.37%	7.32%	闫志刚
信诚幸福消费混合	信诚基金	48.2%	28.08%	47.65%	李欣
中银消费主题混合	中银基金	24.88%	16.64%	10.7%	钱亚风云
鹏华消费优选混合	鹏华基金	57.18%	70.82%	85.66%	王宗合
农银消费主题混合 A	农银基金	42.44%	21.55%	44. 1%	徐文卉
申万菱信消费增长混合	申万菱信基金	60.45%	83.63%	77.7%	季新星
交银消费新驱动股票	交银施罗德基金	20.82%	46.58%	95.08%	韩威俊
大摩消费领航混合	摩根士丹利华鑫基金	36.92%	−13.62%	−24.93%	王大鹏
新华优选消费混合	新华基金	22.33%	23.49%	63.97%	崔建波
银华消费主题混合	银华基金	62.66%	33.98%	2.5%	薄官辉
银河消费混合	银河基金	34.2%	23.72%	36.01%	卢铁桥

注：截至 2020 年 2 月 10 日。

市场上以消费行业股票为投资标的的股票型基金比较多，而且还有进一步增加的趋势，这里仅列举了成立时间在5年以上的27只基金。其实，这也与该行业存在很多优质白马股有关。

消费行业股票型基金的平均收益情况与大盘指数的对比如表5–2所示。

表5–2　消费行业股票型基金的平均收益与大盘走势对比

对比项目	1年内涨幅	3年内涨幅	5年内涨幅
股票型基金平均收益	42.23%	41.55%	60.49%
上证指数	9.34%	–9.8%	2.86%
沪深300指数	19.54%	15.02%	29.06%

注：截至2020年2月11日。

通过表5–1和表5–2的对比，可以总结出如下几个特点。

第一，以消费行业股票为投资标的的股票型基金，整体表现要远远好于大盘指数的走势。特别是从长期来看，5年内股票型基金的平均涨幅达到了60.49%，而沪深300指数的涨幅仅为29.06%，上证指数的涨幅为2.86%，这也说明以消费行业股票为投资标的的股票型基金的平均收益要优于指数型基金。同时，消费行业的股票型基金的平均涨幅也优于前面所说的大盘蓝筹股票型基金，但稍稍落后于中小盘股票型基金，这与国内的经济环境比较吻合，近年来中小企业发展势头确实比较猛，不过，消费行业股票中由于存在大量优质白马股，其走势一直比较稳定。

第二，同是以消费行业股票为投资标的的股票型基金，其运作效率和收益水平相差较大。以最近一年的收益情况为例，消费行业股票型基金的平均收益为42.23%，而在27只消费行业股票型基金中，优于平均收益水平的基金只有10只，其中表现最好的是华安安信消费混合基金，其收益率达到77.65%；表现最差的是交银消费新驱动股票基金，其收益仅为20.82%。两者之间的差距非常大。

第三，将时间线拉长，更能看出消费行业股票型基金的运作效果。从3年时间来看，消费行业股票型基金的平均收益仍有41.55%（由于其间经历了一个熊市，所以无论是指数还是股票型基金的收益都相对较低）。对比同期沪深 300 指数的涨幅仅为 15.02%，上证指数为 –9.8%，可看出消费行业股票型基金运作的优势。在 27 只基金中，取得平均收益以上的基金共有 11 只，由于 2019 年经历了一波小牛市，很多股票型基金都取得了不错的收益，因而，消费行业股票型基金的收益普遍较高。将时间线拉长后，各只消费行业股票型基金的收益差距开始显现，最低收益的股票型基金大摩消费领航混合股票基金的收益为 –13.62%，这不仅比收益最高的汇添富消费行业混合基金的 105.47% 低很多，也比平均收益低很多。

第四，从 5 年期收益来看，汇添富消费行业混合基金的收益最高，为 161.92%；其次为易方达消费行业股票基金，其收益为 154.51%；排第三的是华安安信消费混合基金，其收益为 122.05%。对比 3 只收益率超过 100% 的消费行业股票型基金后，还可以发现一个现象，就是这三只消费行业股票型基金的收益相对比较稳定，不易出现暴涨暴跌的情况，这就属于典型的优质股票型基金。

五、典型基金品种——汇添富消费行业混合基金

汇添富消费行业混合基金成立于 2013 年 5 月 13 日，旨在采用自下而上的投资方法，以基本面分析为立足点，精选消费行业的优质上市公司，结合市场脉络，做中长期布局，在科学严格管理风险的前提下，谋求基金资产的中长期稳健增值。

1. 基金基本情况

汇添富消费行业混合基金的基本情况如表 5–3 所示。

表 5–3　汇添富消费行业混合基金基本情况

所属基金公司	汇添富基金	创立日期	2013.5.12
基金规模	82.86 亿元（2019.12.31）	基金评级	★★★★★
现任基金经理	胡昕炜（2020.2.11）	任职开始时间	2016.4.8
基金经理任期回报	115.93%（2020.2.11）	任期沪深 300 指数涨幅	24.07%

从基金的基本情况可以看出，该基金整体规模适中，基金经理在选股时操作空间较大。在该基金经理 4 年左右的任职时间内，沪深 300 指数的涨幅为 24.07%，而本基金的涨幅为 115.93%，说明该基金经理的运作非常有效。该基金的整体评级为五星级，属于市场上最高评级的基金。

2. 基金持仓分布

该基金的十大持仓股票及市值占比如表 5–4 所示。

表 5–4　汇添富消费行业混合基金的十大持仓股

序号	股票代码	股票名称	数量（股）	公允价值（元）	占基金资产净值比例（%）
1	600519	贵州茅台	670 041	792 658 503.00	9.57
2	000858	五粮液	5 300 063	704 961 379.63	8.51
3	000860	顺鑫农业	8 500 017	447 780 895.56	5.40
4	000661	长春高新	950 011	424 654 917.00	5.12
5	600009	上海机场	5 000 083	393 756 536.25	4.75
6	000568	泸州老窖	4 200 084	364 063 281.12	4.39
7	000333	美的集团	6 000 015	349 500 873.75	4.22
8	002475	立讯精密	9 000 051	328 501 861.50	3.96
9	001914	招商积余	16 000 000	324 640 000.00	3.92
10	000651	格力电器	4 800 025	314 785 639.50	3.80

资料来源：汇添富基金网站（截至 2019 年 12 月 31 日）。

从汇添富消费行业混合基金的十大持仓股的分布来看，白酒仍是消费行业基金的首选，贵州茅台、五粮液、泸州老窖以及持有牛栏山的顺鑫农业都是基金的宠儿。同时，家电领域中的美的集团、格力电器也是很多消费行业基金中的常客。这些股票都属于经典的优质白马股，走势比较稳健，而且能够保持长期向上的运行态势。这也是消费行业基金走势较稳的原因所在。

3. 基金收益情况

下面来看该基金收益与沪深 300 指数的走势对比情况，如图 5–4 所示。

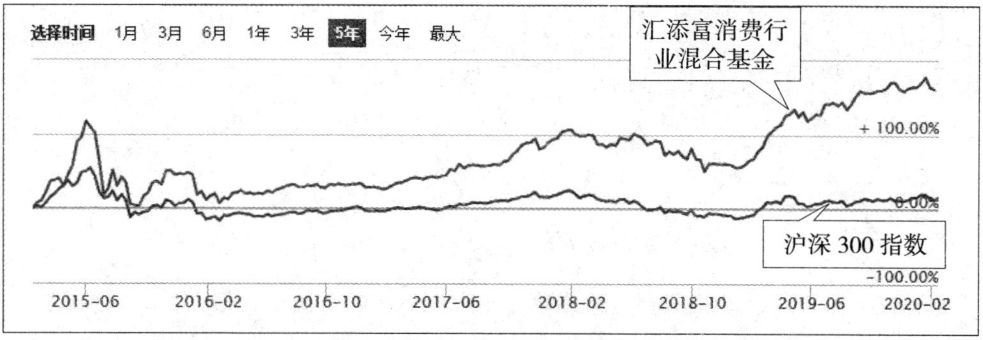

图 5-4　汇添富消费行业混合基金与沪深 300 指数走势对比（来源：天天基金网）

汇添富消费行业混合基金在最近 5 年中的收益率波动形态与沪深 300 指数比较吻合，不过，当沪深 300 指数上攻时，基金的收益增幅更大；当沪深 300 指数呈现下跌态势时，基金的收益降幅相对较小，这也从侧面说明基金经理的运作比较有效。

六、典型基金品种——易方达消费行业股票基金

易方达消费行业股票基金成立于 2010 年 8 月 20 日，旨在通过投资具有较强竞争优势的消费行业上市公司，把握中国经济增长和居民消费升级过程中的投资机会，力争实现基金资产的长期稳健增值。

1. 基金基本情况

易方达消费行业股票基金的基本情况如表 5-5 所示。

表 5-5　易方达消费行业股票基金基本情况

所属基金公司	易方达基金	创立日期	2010.8.20
基金规模	205.29 亿元（2019.12.31）	基金评级	★★★★★
现任基金经理	萧楠（2020.2.11）	任职开始时间	2012.9.28
基金经理任期回报	246.96%（2020.2.11）	任期沪深 300 指数涨幅	72.36%

从基金的基本情况中可以看出，该基金整体规模较大，基金经理在选股时，倾向于选择盘子稍大的股票。该基金经理任职时间有 7 年多，其间沪深 300 指数的涨幅为 72.36%，而本基金的涨幅为 246.96%，说明该基金经理的

运作非常有效。特别是在萧楠执掌基金的 7 年时间里，市场经历了多次牛熊转换，该基金仍能保持强劲上升态势，更加证明基金经理运作的效率。该基金整体评级为五星级，属于市场上最高评级的基金。

2. 基金持仓分布

该基金的十大持仓股票及市值占比如表 5–6 所示。

表 5–6 易方达消费行业股票基金的十大持仓股

序号	股票代码	股票名称	数量（股）	公允价值（元）	占基金资产净值比例（%）
1	000651	格力电器	30 404 950	1 993 956 621.00	9.71
2	000333	美的集团	34 103 054	1 986 502 895.50	9.68
3	600519	贵州茅台	1 662 563	1 966 812 029.00	9.58
4	000858	五粮液	14 772 807	1 964 931 059.07	9.57
5	000568	泸州老窖	20 829 830	1 805 529 664.40	8.79
6	000860	顺鑫农业	33 093 669	1 743 374 482.92	8.49
7	000596	古井贡酒	12 324 779	1 675 183 961.68	8.16
8	600809	山西汾酒	17 962 581	1 611 243 515.70	7.85
9	600887	伊利股份	17 292 229	535 021 565.26	2.61
10	000423	东阿阿胶	11 137 020	393 916 397.40	1.92

资料来源：易方达基金网站（截至 2019 年 12 月 31 日）。

从易方达消费行业股票基金前十大持仓股的分布来看，白酒也是易方达消费行业股票基金青睐的细分领域，在十大持仓股票中，有 6 只白酒股。投资者若是查看该基金前几个季度的持仓就会发现，该基金前 8 只持仓股票的持仓占比进一步增加了，后两只股票的持仓占比下降了很多，说明该基金未来更加看好白酒股的行情。

投资者若将易方达消费行业股票基金的持仓与汇添富消费行业混合基金进行对比就会发现，两者的持仓有很大的重合度，比如都重仓持有贵州茅台、五粮液、泸州老窖、顺鑫农业、格力电器、美的集团这 6 只股票。其实，这

6 只股票也是市场上公认的超级绩优股。

3. 基金收益情况

下面来看该基金收益与沪深 300 指数的走势对比情况，如图 5–5 所示。

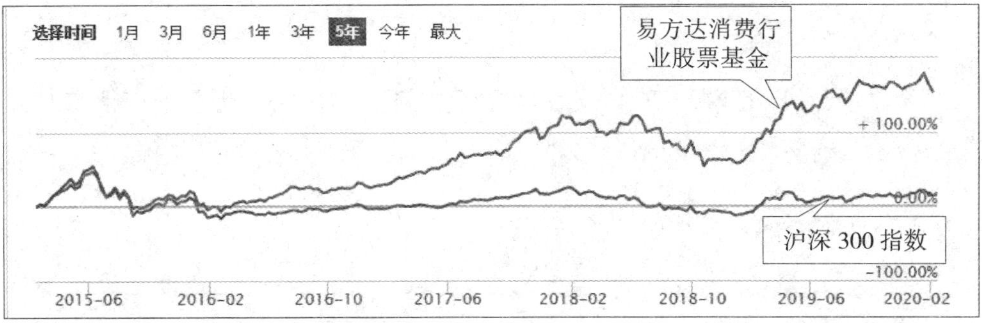

图 5–5　易方达消费行业股票基金与沪深 300 指数走势对比（来源：天天基金网）

易方达消费行业股票基金在最近 5 年中的收益率波动形态与沪深 300 指数比较吻合，不过，当沪深 300 指数上攻时，基金的收益增幅更大；当沪深 300 指数呈现下跌态势时，基金的收益降幅相对较小。对比之前的汇添富消费行业混合基金的走势可以发现，两者的走势相近，且收益波动幅度也相近。

第二节　金融及地产行业股票型基金投资分析

金融及地产行业属于典型的大盘股集中行业。这两个行业中有很多对大盘指数走势有重大影响的个股，如工商银行、中国平安、中国太保、万科 A。

一、金融及地产行业构成

金融行业是国民经济中的重要行业，其运行情况在一定程度上反映了整个国民经济的运行状况。同时，金融行业还具有优化资金配置和调节、反映、监督经济的作用。地产行业是一个与金融行业联系非常紧密的行业，其运行情况以及盈利情况受金融行业的影响较大。正因为金融行业与地产行业联系非常紧密，所以，很多基金公司在设置基金品种时，会将金融与地产组合在一起，构成新的行业基金品种。概括起来，金融及地产行业可以分为几个子行业，如图 5–6 所示。

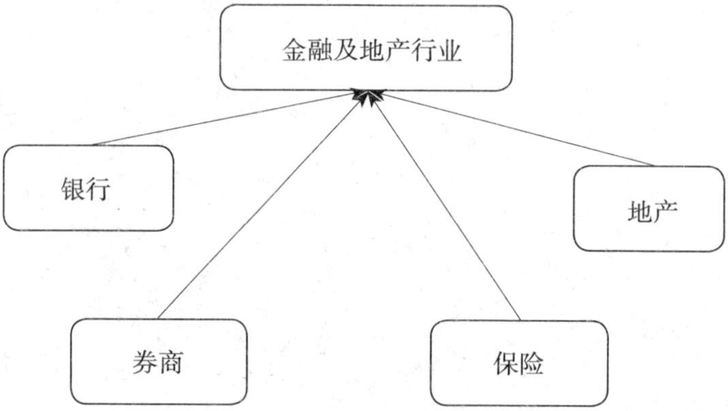

图 5–6　金融及地产行业的 4 个分支

二、金融及地产行业面临的机会

总体来说，金融及地产行业在未来几年内也面临着较多的发展机会。

1. 城镇化趋势的加强

随着国民经济的发展，城镇化水平也越来越高，加之棚户区改造、城中村改造以及旧城改造，都将推动和提升城镇化水平。随着城镇化的逐渐推进，地产建筑行业将会获得较佳的发展机会，从而带动金融行业发展。

近年来，我国的城镇化比率一直呈上升态势，2018 年达到了 59.58%，不过距离发达国家平均 75% 的城镇化水平还有很大的提升空间。也就是说，未来很多年内，城镇化水平还将进一步提升，相应地，其对地产及金融行业的提振作用将一直存在。

2. 金融及地产行业的估值较低

由于金融及地产企业的盘子较大，资金不容易撬动这类股票价格上涨，因而，尽管 2019 年股市出现了震荡上扬，整个市场上的金融和地产类股票的估值水平仍然偏低。随着股市的企稳走强，金融及地产股票的估值有望进一步回归。

3. 外资入场步伐加快

随着 A 股市场被多家外资指数纳入指数体系，会不断地有外资入场买入 A 股。这些外资比较青睐于盘子较大的金融股，因此，随着外资流入的提速，金融股的股价也将进入上行趋势。

4. 行业洗牌加速，优质股票价值将会突显

随着金融行业对外资的逐渐放开，金融行业将迎来更加激烈的竞争。与此同时，地产行业的洗牌也将加快，这都为拥有竞争优势的企业的发展壮大提供了广阔的空间。也就是说，一批优质公司将会在竞争中脱颖而出，并将强化领先优势。

三、投资金融及地产行业股票的基本逻辑

金融及地产行业是比较特殊的行业，投资金融及地产行业需要遵循几个基本逻辑，如图 5–7 所示。

图 5-7　投资金融及地产行业所遵循的基本逻辑

第一，关注拥有坚固护城河的企业。

金融与地产行业都是拥有广阔护城河的行业。金融业的牌照资源可以将很多竞争对手直接排除在外。地产企业一旦获得了土地，就会在当地拥有绝对的垄断性优势，特别是一些大型城市的核心地段。因此，对于地产企业来说，拥有雄厚的土地储备，特别是大城市土地储备，就是企业最坚固的护城河。对于金融企业而言，手中持有的牌照就是护城河。

第二，关注特色与增值服务强势的企业。

通常情况下，金融及地产行业被认为是一个不需要营销就能获得较高收入的行业。比如，房地产公司只要在大城市的合适地点买一块地，建好房子就会有人买。比如，作为普通老百姓，只要有闲钱就会存到银行里，因而，银行不需要招揽客户，就会有相当多的客户送上门。不过，近些年来，原有的市场格局不断被改写，房子并不会永远不愁卖，很多三四线城市的房产已经严重过剩；银行也受到了外资银行入局、互联网金融的强力冲击，因此，只有能够提供具有创新服务的企业，才能在未来的竞争中获胜。正是基于此，中国平安、招商银行、万科 A 总是格外受到投资者的青睐。

第三，关注企业的运营绩效。一家企业完全走出困境，最典型的信号就是营收与净利润双双大幅提升。对于金融及地产行业，投资者还是要回归本源，寻找那些营收与净利润重新开始大幅增长的企业，若这类企业的股价仍停留在较低的水平则更佳。尽管金融及地产企业都拥有较厚的护城河，但并不是所有的金融和地产企业的业绩都十分理想，也就是说，投资者要投资企业，最终还要看各个企业的运营绩效。

四、金融及地产行业股票型基金梳理

截至 2020 年 2 月初，市场上以金融及地产行业股票为投资标的的股票型基金并不多（以金融及地产指数为投资标的的基金较多），如表 5–7 所示。

表 5–7　以金融及地产行业股票为主要投资标的的股票型基金

基金名称	所属公司	1 年内涨幅	3 年内涨幅	5 年内涨幅	现任基金经理
工银金融地产混合	工银瑞信基金	17.11%	35.61%	51.5%	王君正
工银新金融股票	工银瑞信基金	49.79%	50.59%	35.9%	鄢耀
国富金融地产混合	国海富兰克林基金	10.09%	17.85%	20.22%	赵宇烨
嘉实金融精选股票	嘉实基金	20.95%	—	—	李欣
华泰柏瑞新金融地产混合	华泰柏瑞基金	6.83%	—	—	杨景涵
富国金融地产混合	富国基金	15.06%	—	—	吴畏
工银精选金融地产混合	工银瑞信基金	19.15%	—	—	王君正
创金合信金融地产	创金合信基金	14.32%	3.99%	—	李龑
南方金融混合	南方基金	25.76%	—	—	黄春逢

注：截至 2020 年 2 月 12 日。

市场上以金融及地产股票为投资标的的基金产品相对较少，因而可供比较的对象不多。不过，在 2019 年的股市上涨行情中，金融及地产行业整体涨幅较小，使得市场上普遍认为这两个行业的估值将会修复，未来市场上发行的金融及地产行业股票型基金可能也会多起来。下面来看金融及地产行业股票型基金的平均收益情况与大盘指数的对比，如表 5–8 所示。

表 5–8　金融及地产行业股票型基金的平均收益与大盘走势对比

对比项目	1 年内涨幅	3 年内涨幅	5 年内涨幅
股票型基金平均收益	19.9%	27.01%	35.87%
上证指数	9.54%	–10.15%	–7.77%
沪深 300 指数	19.64%	15.95%	15.73%

注：截至 2020 年 2 月 12 日。

通过表 5–7 和表 5–8 的对比，可以总结出如下几个特征。

第一，以金融及地产行业股票为投资标的的股票型基金，整体表现要远远好于大盘指数的走势。特别是从长期来看，5 年内金融及地产行业股票型基金的平均涨幅达到了 35.87%，而沪深 300 指数的涨幅仅为 15.73%，上证指数的涨幅为 –7.77%，说明以金融及地产行业股票为投资标的的股票型基金的平均收益要优于指数型基金。同时，金融及地产行业的股票型基金的平均涨幅，要低于之前介绍的消费品行业股票型基金。

第二，同属于以金融及地产行业股票为投资标的的股票型基金，其运作效率和收益水平相差较大。以最近一年的收益情况为例，金融及地产行业股票型基金的平均收益为 19.9%，而在 9 只金融及地产行业股票型基金中，优于平均收益水平的基金只有 3 只，其中表现最好的是工银新金融股票基金，其收益率达到 49.79%；表现最差的华泰柏瑞新金融地产混合基金，收益率仅为 6.83%，两者之间的差距非常大。

第三，将时间线拉长，更能看出金融及地产行业股票型基金的运作效果。从 3 年时间来看，金融及地产行业股票型基金的平均收益仍有 27.01%。当然，参与平均计算的基金只剩下 4 只，其中有一只基金的收益仅为 3.99%，而同期收益冠军工银新金融股票基金的收益达到了 50.59%。由此可见，不同的基金公司、不同的基金经理，运作的基金收益差距很大，投资者在选择基金时必须慎重。

第四，从 5 年期收益来看，工银金融地产混合基金的收益最高，达到了 51.5%。不过，满足 5 年建仓时间的基金只剩下了 3 只。就整体而言，金融和地产行业股票型基金的收益情况要弱于消费品行业股票型基金，特别是收益冠军之间的差别相当大。比如，消费品行业基金的收益冠军汇添富消费行业混合基金，其收益为 161.92%，而工银金融地产混合基金的收益仅为 51.5%，差距一目了然。

五、典型基金品种——工银新金融股票基金

工银新金融股票基金成立于 2015 年 3 月 19 日，旨在通过深入挖掘本基

金所界定的新金融主题股票，分享经济转型和金融改革的红利，追求基金资产的稳健增值。

1. 基金基本情况

工银新金融股票基金的基本情况如表 5–9 所示。

表 5–9 工银新金融股票基金基本情况

所属基金公司	工银瑞信基金	创立日期	2015.3.19
基金规模	7.59 亿元（2019.12.31）	基金评级	★★★★
现任基金经理	鄢耀（2020.2.12）	任职开始时间	2015.3.19
基金经理任期回报	35.9%（2020.2.12）	任期沪深 300 指数涨幅	3.77%

从基金的基本情况可以看出，该基金整体规模较小，而金融及地产股票的盘子较大，基金经理在选股时，相对比较灵活。在该基金经理 4 年多的任职时间里，沪深 300 指数的涨幅为 3.77%，该基金的涨幅为 35.9%，说明该基金经理的运作比较有效。特别是在鄢耀执掌基金的 4 年时间里，市场经历了牛熊转换，该基金仍能保持增长态势，更加说明基金经理运作的效率。该基金整体评级为四星级，属于市场上评级较高的基金。

2. 基金持仓分布

该基金的十大持仓股票及市值占比如表 5–10 所示。

表 5–10 工银新金融股票基金的十大持仓股

序号	股票代码	股票名称	数量（股）	公允价值（元）	占基金资产净值比例（%）
1	002142	宁波银行	1 777 711	50 042 564.65	6.59
2	601166	兴业银行	2 300 000	45 540 000.00	6.00
3	000002	万科 A	1 199 868	38 611 752.24	5.08
4	002475	立讯精密	1 000 000	36 500 000.00	4.81
5	600519	贵州茅台	30 000	35 490 000.00	4.67
6	000333	美的集团	600 000	34 950 000.00	4.60
7	000069	华侨城 A	3 700 000	28 823 000.00	3.80
8	601688	华泰证券	1 370 000	27 824 700.00	3.66

续表

序号	股票代码	股票名称	数量（股）	公允价值（元）	占基金资产净值比例（%）
9	600031	三一重工	1 370 000	23 358 500.00	3.08
10	300630	普利制药	359 950	20 387 568.00	2.68

资料来源：天天基金网（截至 2019 年 12 月 31 日）。

从工银新金融股票基金的十大持仓股的分布来看，金融与地产属于该基金核心持股领域，这也是基金合同中规定的持股范围。不过，工银新金融股票基金的十大持仓股中还加入了贵州茅台、美的集团、立讯精密以及三一重工等企业，说明该基金的持仓并没有局限于金融、地产行业。也正是因为该基金的持仓范围突破了金融与地产的限制，才使得该基金的盈利能力优于其他金融与地产行业基金。

3. 基金收益情况

下面来看该基金收益与沪深 300 指数的走势对比情况，如图 5–8 所示。

图 5–8　工银新金融股票基金与沪深 300 指数走势对比（来源：天天基金网）

工银新金融股票基金在最近 5 年中的收益率波动形态与沪深 300 指数比较吻合，且两者走势基本一致。2019 年之后，随着股市的上涨，工银新金融股票基金的涨幅逐渐放大，并与沪深 300 指数拉开了距离。

第三节　医药健康行业股票型基金投资分析

医药健康行业也是众多基金经理偏爱的一个领域。医药健康领域与消费品行业相似，也是一个白马股频出的行业，如恒瑞医药、长春高新、药明康德，都是众多基金追捧的对象。

一、医药健康行业构成

医药健康行业涉及的细分领域比较多，概括起来包括但不限于以下7个类别，如图5–9所示。

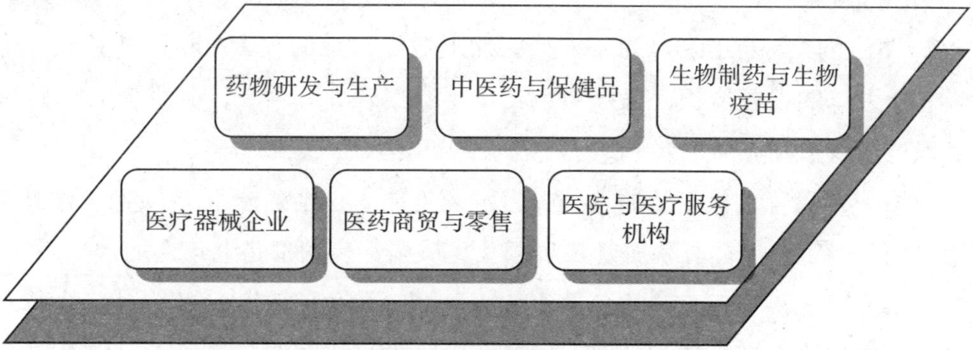

图5–9　医药健康行业细分

二、医药健康行业面临的机会

作为一个朝阳产业，医药健康行业未来面临着前所未有的发展机遇。这种历史性的发展机遇与以下几方面因素密不可分。

1. 老龄化趋势

2019年年初，国家统计局发布的最新统计数据显示：截至2018年年底，我国60岁以上老年人口达到了2.49亿人，占全国总人口的比重为14.9%。

结合之前年度的统计数据以及相关机构的预测数据，可以看到人口老龄化趋势日趋明显，如图 5–10 所示。

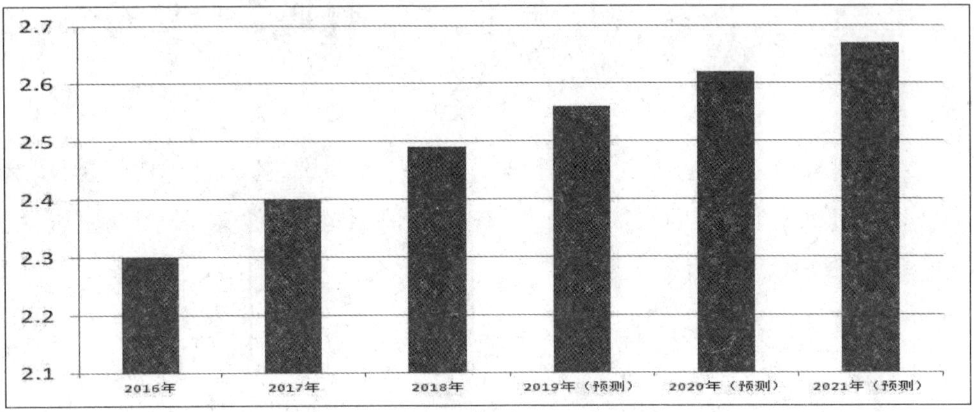

图 5–10　老龄人口数量变动图

以当前的医疗卫生支出计算，老龄人口的医疗卫生支出平均为年轻人的 3 倍（65 岁以上老年人口的年人均医疗卫生支出大约在 1 000 元以上）。随着老龄人口的大幅增长，医疗卫生支出也会出现大幅增长，其中最为明显的表现包括以下几方面。

第一，随着人口年龄的增长，自身免疫能力也会逐渐下降，生理机能开始退化，老年痴呆、心脑血管疾病以及类风湿性疾病都是老年人的常见病。

第二，老年人口自身角色的改变以及社会角色的改变，极易引起抑郁、孤独、焦虑等不良心理和情绪。同时，由于少子化倾向，老年人口缺乏沟通和交流，使得老年人口的心理疾病也呈现出增长态势。

第三，随着传统家庭观念的淡化，家庭养老功能正在弱化，需要越来越多的社会化养老机构介入养老产业。

2. 慢性病蔓延

慢性病是一类起病隐匿，病程很长，且重复就诊率很高的疾病。很多慢性病起病初期不容易被发现，到了中后期想要根治又非常困难，这些慢性病已经成为因病致死率最高的疾病。据有关部门统计：近年来脑血管病等慢性病导致的死亡人数，已持续占全国总死亡人数的 80% 以上。慢性病发病原因 60% 与个人生活方式相关，同时遗传、气候、社会等多种因素也会影响其发病率。

在众多慢性病中，脑血管病、糖尿病、高血压、呼吸系统疾病等慢性疾病，成为我国城乡死亡率最高的几种老年疾病。这意味着慢性病的防治将成为医疗卫生领域的一个重大挑战，同时也为医药健康企业提供了一个较大的发展机会。

3. 健康与保健意识的提升

随着人们生活水平的不断提升，大家对健康的认识也逐渐发生改变，逐渐从以前的"没有病即是健康"，向健康的真正本义靠拢，即心理上、生理上和社会等方面都处于良好的状态。这就使得人们日益从"有病开始治病"的态度，向"无病也要防病，也要更加健康"的态度转变，越来越多的人愿意在提升健康水平和身体保健上支付更高的费用，这也促进了相关医疗机构的快速发展。例如，近些年来，医疗美容产业规模不断扩张，相关机构的统计数据显示：目前，我国美容机构市场规模已超 4 500 亿元，从业人员超过 3 000 万人。我国整形美容业以每年 20% 的发展速度递增，整形美容手术以每年超过 20% 的速度增长，近 20 年来，我国医疗美容行业已发展出医疗整形、医疗美容、注射美容等分支，形成了一个庞大的综合产业链。2017 年，中国医疗美容行业市场规模达 1 367 亿元，预计 2020 年将突破 2 500 亿元。

4. 两票制

两票制，是指药品从医药生产企业卖到一级经销商开一次发票，经销商卖到医院再开一次发票，以"两票"替代目前常见的七票、八票，减少流通环节的层层盘剥，并且每个品种的一级经销商不得超过 2 个。之前，一种药品出厂后，要经过很多层的经销商才能到达医院并销售给患者，其间每经过一层经销商，必然会加价一次，最后，患者拿到手的药品价格要比出厂价高出很多倍。其实，从两票制的定义也可以看出该制度对整个医药经营行业的影响，以前市场上可能存在七到八家经销商，现在只需要一家，对于医药经销商来说，要么成为存活下来的一家，要么成为被淘汰的六到七家。

从该制度的推行情况来看，对医药经营行业中的大型经销商来说，无疑是一个利好消息。未来，减少经销商层级，势必淘汰大量中小型医药经营企业，大型医药经营企业则会成为剩下的那一家。也就是说，未来，医药经营行业将会进一步趋向集中，对于医药经营企业中的国药股份、华润医药、上海医药以及广州医药等企业来说，在业绩方面无疑具有很强的刺激作用。

5. 带量采购

2018 年 11 月 15 日，以上海为代表的 11 个试点地区委派代表组成联合采购办公室，并发布了《4+7 城市药品集中采购文件》。其中规定："化学药品新注册分类批准的仿制药品目录，经联采办会议通过以及咨询专家，确定采购品种（指定规格）及约定采购量。"业内称为带量采购。

"4+7"城市包括北京、上海、天津、重庆 4 个直辖市和沈阳、大连、厦门、广州、深圳、成都、西安 7 个城市，共 11 个城市。与以往的招标采购不同，带量采购直接明确了采购的数量，通过量价挂钩的方式，实现原研药与仿制药的充分竞争。

通过目前已经实施的几次大规模的带量采购来看，药品中标价格与之前的售价相比出现了大幅下降，平均降幅达到 52%，最高降幅达 96%。对于医药生产企业来说，带量采购对企业业绩的冲击是十分大的。企业的药品若想中标，则不得不接受大幅度让利降价的现实，另一方面，若药品不能中标，则会失去大部分市场。从长远来看，未来加入带量采购的城市会越来越多，因此，制药企业再想和以前一样靠几种药品躺着赚钱的时代要结束了。制药企业要想不被淘汰，必须加大力气做好原研药的研发，毕竟只有原研药的利润才是最有保障的。

当然，对制药企业而言，带量采购并不全是利空，对于研发实力较强且产品质量较佳的企业来说，这是一个很好的发展契机。带量采购若能中标，将减少企业大量的营销费用，提升产品的知名度和美誉度。

三、投资医药健康行业股票的基本逻辑

医药健康行业是一个相对特殊的行业，投资该行业时，需要遵循以下几个基本的逻辑，如图 5–11 所示。

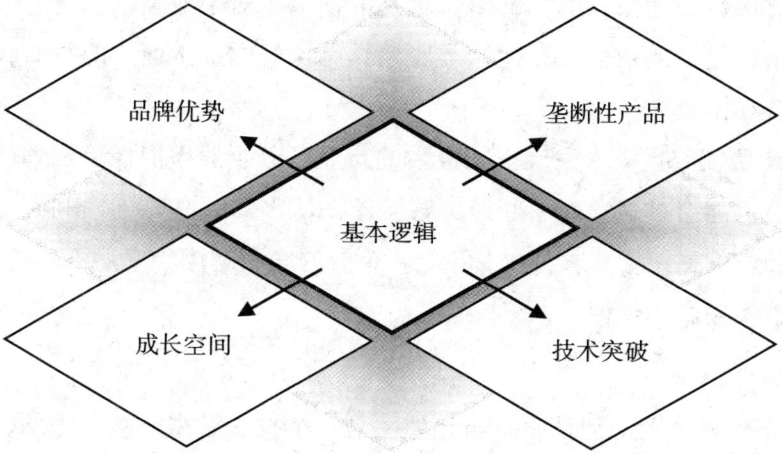

图 5–11　投资医药健康行业的基本逻辑

1. 品牌优势

品牌的背后是消费者的信任和认可，能够在很多年里一直得到消费者认可的品牌，往往具有更强的生存能力。未来，掌握这类品牌的企业还能够获得持续、稳定的收益。例如，东阿阿胶就是一个兼具老字号和国家原产地保护的品牌，即使这类企业业绩的增速不高，它也能持续为投资者带来可观的回报。反之，在短期内靠广告轰炸崛起的品牌，也可能因为一次突发事件而销声匿迹。总之，在考虑一个品牌知名度时，还要考虑其背后的美誉度。

2. 垄断性产品

垄断性产品能为企业带来超额利润。国内生物制药企业规模较小，相对国外制药巨头，技术水平较低，很少有垄断性产品出现，但未来拥有垄断性产品的企业将会越来越多。比如，长春高新旗下的金赛药业研发出的长效生长激素，作为一种首创药物，填补了国际市场的空白，事实上完成了对生长素市场的垄断。由于血液制品的特殊属性，使得几大血液制品公司在市场上

具有一定的垄断优势，华兰生物、上海莱士都获得了不菲的收益。

3. 企业持续增长的空间与潜力

成长性是考察和评估一个企业价值时需要考虑的核心要素，通常情况下，会对能够保持高速增长的标的给予较高的估值。对于业绩增长乏力的股票，则无法出具更高的估值，即使这类股票具有良好的基本面，即每股收益和每股净资产都比较高。

保健品领域是一个发展空间极大的行业，若企业不能保持强劲的增长，则意味着可能会被竞争对手超越，甚至被淘汰出局。30% 的净利润增长率在保健品领域就是一个成长性的标准，若企业的净利润增长率达不到这一标准，则很难给予较高的估值。

4. 技术突破

医药健康领域特别是原研药领域，是一个技术壁垒非常坚固的领域，目前大部分市场被跨国巨头掌握。对于国内从事原研药研发企业而言，谁能率先攻克技术壁垒，谁就可能获得更多超额利润。

四、医药健康行业股票型基金梳理

截至 2020 年 2 月中旬，市场上以医药健康行业股票为投资标的的股票型基金并不多，成立在 5 年以上的有 6 只，如表 5–11 所示。

表 5–11　以医药健康行业股票为主要标的的股票型基金

基金名称	所属公司	1 年内涨幅	3 年内涨幅	5 年内涨幅	现任基金经理
汇添富医药保健混合	汇添富基金	67.4%	44.81%	55.83%	郑磊
南方医药保健灵活配置混合	南方基金	59.16%	62.99%	140.85%	茅炜
鹏华医药科技	鹏华基金	48.73%	35.78%	–30.5%	金笑非
华宝医药生物混合	华宝基金	64.81%	72.51%	91.61%	光磊
中海医药健康产业精选混合	中海基金	50.90%	96.35%	97.41%	易小金
招商医药健康产业股票	招商基金	78.89%	83.18%	79.31%	李佳存

注：截至 2020 年 2 月 13 日。

市场上以医药健康行业为投资标的的基金产品相对较少，因而可供比较的对象不多。在2019年的股市上涨行情中，医药健康行业表现不错，特别是两票制落地后，市场上普遍认为医药健康行业将会迎来一波较大的上升走势，所以，未来新设立的医药健康行业股票型基金会比较多。

下面来看表5–12所示的医药健康行业股票型基金的平均收益与大盘指数的对比情况。

表5–12　医药健康行业股票型基金的平均收益与大盘走势对比

对比项目	1年内涨幅	3年内涨幅	5年内涨幅
股票型基金平均收益	61.65%	65.94%	72.42%
上证指数	6.8%	–9.66%	–8.64%
沪深300指数	17.29%	15.24%	14.12%

注：截至2020年2月13日。

通过表5–11和表5–12的对比，可以总结出如下几个特征。

第一，以医药健康行业股票为投资标的的股票型基金，整体表现要远远好于大盘指数的走势。特别是从长期来看，5年内股票型基金的平均涨幅达到了72.42%，而沪深300指数的涨幅仅为14.12%，上证指数的涨幅为–8.64%，说明以医药健康行业股票为投资标的的股票型基金的平均收益要优于指数型基金。同时，医药健康行业股票型基金的平均涨幅确实要优于之前所讲的消费品行业股票型基金和金融及地产行业股票型基金。

第二，由于2019年医药健康行业股票整体涨幅较大，使得整个医药健康行业股票型基金的涨幅较大。整个医药健康行业股票型基金的收益差距不大，比如收益最好的招商医药健康产业股票基金，收益为78.89%，收益最差的鹏华医药科技基金，收益也有48.73%。

第三，将时间线拉长，更能看出股票型基金的运作效果。从3年时间来看，医药健康行业股票型基金的平均收益仍有65.94%，这是一个相当高的水平，特别是考虑沪深300指数的收益仅为15.24%。同期的收益冠军中海医药健康产业精选混合基金的收益达到了96.35%，收益最低的鹏华医药科技基金仅为 35.78%。由此可见，不同的基金公司、不同的基金经理运作的基金收益差距很大，投资者在选择基金时必须慎重。

第四，从 5 年期收益来看，南方医药保健灵活配置混合基金的收益是最高的，达到了 140.85%，而鹏华医药科技基金仅为 –30.5%。不过，鹏华医药科技基金在 2015 年牛市中建仓，其收益低也是可以理解的。

就整体而言，医药健康行业基金的收益情况明显优于消费品行业基金和金融及地产行业基金。不过，消费品行业基金的收益冠军，5 年期收益却好于医药健康行业基金的冠军，这也说明基金经理之间的操作水平存在差距。

五、典型基金品种——南方医药保健灵活配置混合基金

南方医药保健灵活配置混合基金成立于 2014 年 1 月 23 日，旨在通过投资医药健康行业证券，在严格控制风险的前提下，追求超越业绩比较基准的投资回报。

1. 基金基本情况

南方医药保健灵活配置混合基金的基本情况如表 5–13 所示。

表 5–13　南方医药保健灵活配置混合基金基本情况

所属基金公司	南方基金	创立日期	2014.1.23
基金规模	6.92 亿元（2019.12.31）	基金评级	★★★★
现任基金经理	茅炜（2020.2.12）	任职开始时间	2018.6.8
基金经理任期回报	39.75%（2020.2.12）	任期沪深 300 指数涨幅	4.77%

从基金的基本情况可以看出，该基金整体规模较小，比较适合在医药健康领域选择中小盘成长股。该基金经理任职时间不到两年，其间沪深 300 指数的涨幅为 4.77%，而本基金的涨幅为 39.75%，说明该基金经理的运作比较有效。该基金整体评级为四星级，属于市场上评级较高的基金。

2. 基金持仓分布

该基金的十大持仓股票及市值占比如表 5–14 所示。

表 5–14　南方医药保健灵活配置混合基金十大持仓股

序号	股票代码	股票名称	数量（股）	公允价值（元）	占基金资产净值比例（%）
1	300529	健帆生物	602 567	43 288 413.28	6.26
2	600276	恒瑞医药	392 116	34 317 992.32	4.96
3	603259	药明康德	369 500	34 038 340.00	4.92
4	300347	泰格医药	534 483	33 752 601.45	4.88
5	300760	迈瑞医疗	184 600	33 578 740.00	4.85
6	603658	安图生物	316 111	30 466 778.18	4.40
7	000661	长春高新	65 600	29 323 200.00	4.24
8	688029	南微医学	178 538	28 673 202.80	4.14
9	002821	凯莱英	187 856	24 327 352.00	3.52
10	300685	艾德生物	326 885	21 842 455.70	3.16

资料来源：南方基金网（截至 2019 年 12 月 31 日）。

从南方医药健康灵活配置混合基金十大持仓股的分布来看，医药健康行业属于该基金核心持股领域。其中，恒瑞医药、药明康德、长春高新、泰格医药等医药白马股占据了较大的持仓份额。同时，一些生物科技股票也比较受该基金的青睐，比如健帆生物、安图生物、艾德生物等，也占据了较大的份额。该基金在 2019 年表现优异，很大一部分原因是这些生物科技股票有着不错的表现。

3. 基金收益情况

下面来看该基金收益与沪深 300 指数的走势对比情况，如图 5–12 所示。

图 5–12 是南方医药保健灵活配置混合基金在最近 5 年中的收益率波动走势。尽管该基金与沪深 300 指数走势吻合，但自 2015 年 7 月开始，基金收益曲线与沪深 300 指数的走势出现了较大分歧。也就是说，在指数继续下探寻底时，南方医药保健灵活配置混合基金已经率先触底反弹向上。此后，尽管基金与指数大的运动趋势一致，但其收益水平越来越高，到了 2020 年 2 月初，该基金 5 年的时间内已经取得了 140.85% 的收益。

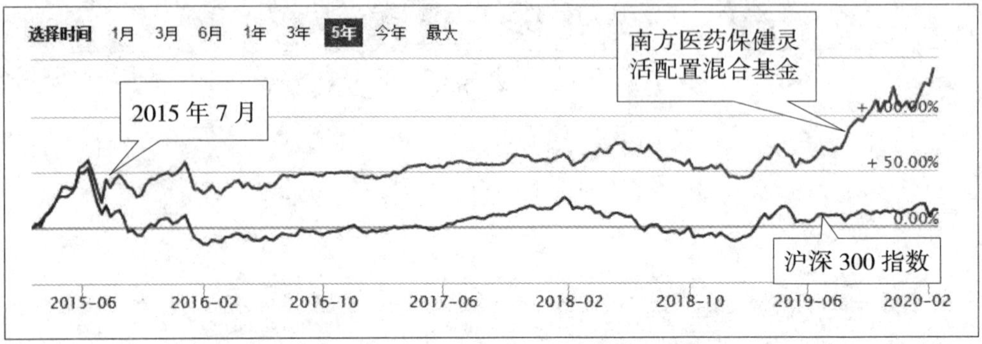

图5-12　南方医药保健灵活配置混合基金与沪深300指数走势对比（来源：天天基金网）

第四节　科技创新行业股票型基金投资分析

随着国家对科技创新的重视，企业在科技研发方面的投入不断加大，特别是2018年以来爆发的中美贸易摩擦，使很多企业认识到，只有科技自主，才能不受制于人。美国能够制约中国的武器，更多的是其拥有的科技实力，包括软件知识产权、电子元器件，特别是芯片等高科技产品。通过这场贸易摩擦，也让国内企业认清了一个现实，即企业营收再高，也只是企业变大了一些，并不是变强了，只有掌握了核心技术，才能成为真正的强者。

正因如此，自2019年年初开始，科技类股票开始了一波又一波上升行情，投资于科技创新行业股票的基金，收益也要远远好于其他基金。

一、科技创新行业构成

从广义来看，科技创新行业涵盖的范围非常广泛，特别是很多传统行业与新技术、新科技结合，产生了诸如新材料、高端制造等新兴行业。不过，由于篇幅的限制，本书重点探讨以电子科技和信息技术为基础的科技创新行业。本书介绍的科技创新行业包括如图5-13所示的几个典型领域。

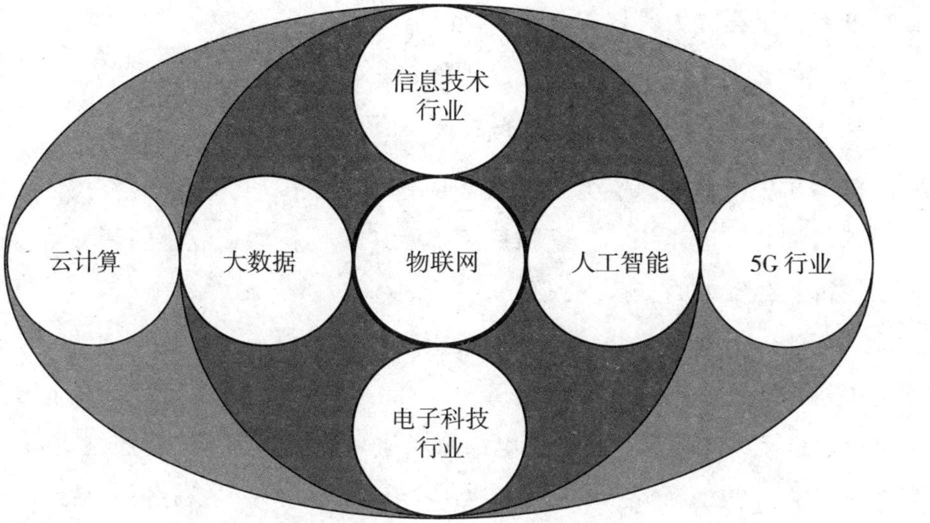

图 5-13　科技创新行业细分

二、科技创新行业面临的机会

作为一个永不过时又实时更新换代的产业，科技创新行业未来面临着前所未有的发展机遇。这种历史性的发展机遇与以下几方面因素密不可分。

1. 新一轮科技革命

回顾人类发展的历史，其实就是一部生动的科技革命史。从远古的石器时代到铁器时代，就是一次完全的科技革命。近代以来的几次科技革命，将人类利用自然的水平推升到了前所未有的高度。从以铁路和蒸汽机为代表的第一次科技革命，到以电气为代表的第二次科技革命，再到以信息技术、原子能、空间技术和生物工程为代表的第三次科技革命，每次科技革命都产生和孕育了一系列新的机会，并诞生了一批伟大的企业。眼下进行的是一场全新的科技革命，如人工智能、3D 技术、基因技术，都是具有代表性的领域。与此同时，每项革命性的技术出现后，总会带动一大批相关产业的发展。比如，人工智能技术的发展，将会最大限度地改变其他行业、社会的生产运作方式。从以往的经验来看，科技革命发生过程中，一切都处于更新与升级换代之中，身处其中的企业无论是否愿意，都将参与其中，要么成为科技革命的推动者或变革者，要么成为科技革命的牺牲品。

机会就在那里，就看你能不能把握住！

2. 创新获得了更大的发展空间

随着国民经济进入新常态，既需要新的需求拉动，也需要科技创新的带动。正因如此，近年来，创新被反复提及，而创新型企业、创新型项目也更容易获得社会资本的支持。

近年来，各大风投机构主要的投资方向，无一不是具有开创性的项目。据有关机构统计，最近5年风投机构投资的项目中，涉及最多的行业分别为互联网、IT、娱乐传媒、金融、电信及增值行业等。在这些行业创业的企业，多数是具有鲜明创新特点的企业。据毕马威发布的《风投脉搏》给出的数据显示：2018年，中国风投交易额达到了705亿美元，相比2017年的461亿美元，足足上升了52.9%。由此可见社会资金对创新项目的支持力度，也体现了这些资金对国内创新项目的信心。

与此同时，阿里巴巴、百度、腾讯、京东等大型科技巨头也纷纷在科技创新领域布局，力求引领科技行业的发展。

3. 核心技术突破迫在眉睫

自2018年开始的中美贸易摩擦，让我们认清了一个现实，核心技术若不是掌握在自己的手中，就容易受到打击。

我国从更加宏观的角度，制定和发布了一系列有关科技发展的战略规划，其目的也是希望企事业、科研单位能够在核心技术领域取得突破。

技术攻关，迫在眉睫，这也为很多科技创新型企业提供了一次跨越式发展的契机。谁能率先在受制约的领域取得技术方面的突破，就能享受技术壁垒带来的巨大红利。为此，很多大型企业纷纷发布了雄心勃勃的科研攻关计划，比如在芯片领域、国产操作系统领域、核心电子元器件领域。

4. 新的消费需求孕育新机会

万事万物彼此关联，又互相促进。在新的科技产品刺激下，新的消费需求不断产生，而新的消费需求又会推动科技创新行业的发展。互联网行业的发展，加强了人与人之间的沟通，使得即时通信行业快速发展壮大。随着即时通信行业的发展，新的消费需求又出现了，于是一个又一个新的机会出现了。在支付宝和微信支付出现之前，根本没有人用过二维码付款，当支付宝和微信支付普及后，二维码付款似乎就是一种必然。

当前，随着人工智能、物联网、云计算等行业的发展，必然还会使消费者产生新的消费需求，从而催生出新的机会。

三、投资科技创新行业股票的基本逻辑

科技创新行业是一个发展永无止境的行业，拥有广阔的未来。投资科技创新行业股票，需要遵循几个基本逻辑，如图 5–14 所示。

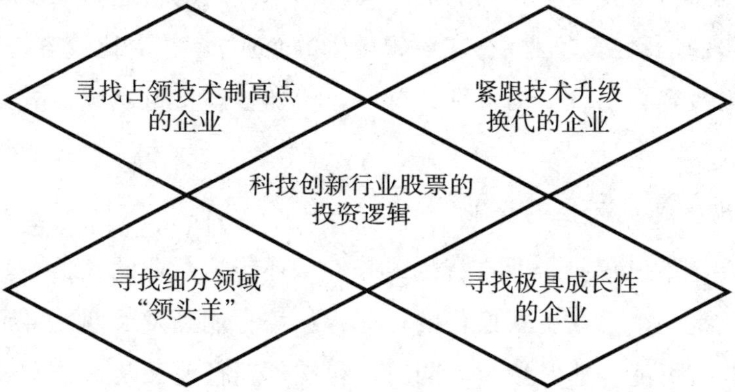

图 5–14　科技创新行业股票的投资逻辑

1. 寻找占领技术制高点的企业

在科技创新领域，国内企业的整体科技水平仍落后于欧美发达国家。近年来，随着国内企业在科技研发领域投入的增加，开始在技术方面逐渐接近，甚至在某些领域开始赶超国外先进水平，芯片（集成电路）领域属于其中一个非常重要和核心的分支。芯片设计环节属于技术含量很高的一个环节，也是我国发展最薄弱的一个环节。目前，能够自主设计芯片的企业主要有华为海思和清华紫光（目前，紫光系企业中紫光国微、紫光展锐、长江存储等企

业，都在从事芯片相关业务，投资者可重点关注）。其实，在其他科技细分领域，也有一些企业走在了所在细分领域的世界前沿，这也是投资者需要重点关注的。

2. 紧跟技术升级换代的企业

没有永不过时的技术。一项技术无论有多先进，也会面临升级换代的挑战。随着科技的进步，这种升级换代的步伐越来越快。要想使资本快速增值，就要选择的那些能够引领或者紧跟技术进步脚步的企业。

3. 选择细分领域的“领头羊”

前面提到过，在科技创新行业，国内技术水平整体落后于欧美国家，但这并不妨碍个别企业在某些细分领域成为“领头羊”。

电子制造行业是一个整体弱势、局部需求旺盛的行业。很多新兴细分领域，没有出现垄断性竞争对手，在该领域内的企业，就相对比较容易突出重围，这些领域也最容易出现新的“领头羊”，比如移动支付领域、语音图像识别领域。

4. 寻找极具成长性的企业

成长性，不仅仅指企业自身的成长性，还包括行业的成长性。科技创新行业本身就是一个不断更新换代的行业，从培育期到发展期，再到成熟期乃至衰退期，有可能会非常短暂。同时，科技创新行业又是一个发展空间非常广阔的行业，企业只有把握行业发展的黄金期，才能有更好的收益。与此同时，企业还需未雨绸缪，立足下一代产品的研发。只有舍得在研发方面投入，才能保证企业具有可持续的竞争力和广阔的成长空间。

四、科技创新行业股票型基金梳理

截至 2020 年 2 月中旬，市场上以科技创新行业股票为投资标的的股票型基金多达上百只，成立超过 5 年的有几十只。表 5–15 列举了成立 5 年以上的 15 只科技创新行业股票型基金（有一些以创新为名，但其持仓股中大部分属于金融股、消费股的基金被排除在外）。

表 5-15　以科技创新行业股票为主要投资标的的股票型基金

基金名称	所属公司	1 年内涨幅	3 年内涨幅	5 年内涨幅	现任基金经理
宝盈科技 30 混合	宝盈基金	83.62%	66.81%	80.96%	张仲维
东方创新科技混合	东方基金	85.45%	49.2%	34.77%	蒋茜
华安科技动力混合	华安基金	32.13%	36.27%	124.72%	李欣
华润元大信息传媒科技混合	华润元大基金	93.94%	61.57%	66.31%	李仆
上投摩根科技前沿灵活配置混合	上投摩根基金	73.46%	88.17%	67.7%	李德辉
汇丰晋信科技先锋股票	汇丰晋信基金	82.54%	44.31%	52.73%	陈平
银河创新成长混合	银河基金	136.93%	147.45%	178.05%	郑巍山
富国天博创新主题混合	富国基金	65.71%	67.08%	74.78%	毕天宇
宝盈睿丰创新混合	宝盈基金	72.54%	32.95%	47.15%	朱建明
方正富邦创新动力混合	方正富邦基金	46.4%	25.16%	37.11%	符健
华宝创新优选混合	华宝基金	87.02%	88.34%	81.52%	代云峰
建信创新中国混合	建信基金	57.72%	50.27%	142.68%	邵卓
富国创新科技混合	富国基金	100.31%	132.77%	94.4%	李元博
国投瑞银创新动力混合	国投瑞银基金	41.23%	37.1%	56.66%	孙文龙
中邮核心科技创新灵活配置混合	中邮基金	40.91%	32.81%	18.98%	曹思

注：截至 2020 年 2 月 13 日。

市场上以科技创新行业为投资标的的基金产品最近两年发行较多，前几年相对较少，因而可供比较的对象不多。2019 年以后，科技股掀起了一波快速上涨行情，基于这种强烈的赚钱效应，很多基金公司开始创立基于科技创新行业的股票型基金。

下面来看表 5-16 所示的科技创新行业股票型基金的平均收益情况与大盘指数的对比。

表 5-16　科技创新行业股票型基金的平均收益与大盘走势对比

对比项目	1 年内涨幅	3 年内涨幅	5 年内涨幅
股票型基金平均收益	73.33%	64.02%	77.23%
上证指数	6.8%	-9.66%	-8.64%
沪深 300 指数	17.29%	15.24%	14.12%

注：截至 2020 年 2 月 13 日。

通过表 5–15 和表 5–16 的对比，可以总结出如下几个特征。

第一，以科技创新行业股票为投资标的的股票型基金，整体表现要远远好于大盘指数的走势，特别是从长期来看，5 年内股票型基金的平均涨幅达到了77.23%，而沪深300指数的涨幅仅为14.12%，上证指数的涨幅为–8.64%。说明以科技创新行业股票为投资标的的股票型基金的平均收益要优于指数型基金。

第二，2019 年科技创新行业股票整体涨幅较大，使得整个科技创新行业股票型基金的涨幅也较大。整个科技创新行业股票型基金的收益差距较大，比如收益最好的银河创新成长混合基金的收益为 136.93%，而收益最差的华安科技动力混合基金的收益仅为 32.13%，说明基金经理运作的效果存在较大差异，投资者要注意甄别。

第三，将时间线拉长，更能看出科技创新行业股票型基金的运作效果。从 3 年时间来看，科技创新行业股票型基金的平均收益为 64.02%，这一数值水平尽管远高于大盘指数的涨幅，但比一年内的涨幅还是低了一些，这主要是 2018 年下半年有一波熊市的原因。

第四，从 5 年期收益来看，银河创新成长混合基金的收益仍是最高的，达到了 178.05%，而中邮核心科技创新灵活配置混合基金仅为 18.98%。从长期来看，不同的基金经理操盘，基金产品的收益差距极大。

就整体而言，科技创新行业基金最近一年的收益情况明显优于其他基金产品，但从长期来看，不具有消费品行业股票型基金盈利的持续性，这是由行业之间固有的差别造成的。

五、典型基金品种——银河创新成长混合基金

银河创新成长混合基金成立于 2010 年 12 月 29 日，旨在通过投资具有良好成长性的创新类上市公司，在有效控制风险的前提下，追求基金资产的长期稳定增值。

1. 基金基本情况

银河创新成长混合基金的基本情况如表 5–17 所示。

表 5–17　银河创新成长混合基金基本情况表

所属基金公司	银河基金	创立日期	2010.12.29
基金规模	19.86 亿元（2019.12.31）	基金评级	★★★★
现任基金经理	郑巍山（2020.2.13）	任职开始时间	2019.5.11
基金经理任期回报	113.68%（2020.2.13）	任期沪深 300 指数涨幅	8.7%

从基金的基本情况可以看出，该基金整体规模较小，比较适合在科技创新领域选择中小盘成长股。该基金经理任职时间不到一年，其间沪深 300 指数的涨幅为 8.7%，而本基金的涨幅为 113.68%，说明该基金经理的运作比较有效。该基金整体评级为四星级，属于市场上评级较高的基金。

2. 基金持仓分布

该基金的十大持仓股票及市值占比如表 5–18 所示。

表 5–18　银河创新成长混合基金十大持仓股

序号	股票代码	股票名称	数量（股）	公允价值（元）	占基金资产净值比例（%）
1	002241	歌尔股份	7 909 909	157 565 387.28	7.93
2	600745	闻泰科技	1 701 143	157 355 727.50	7.92
3	603005	晶方科技	3 982 490	156 830 456.20	7.90
4	600584	长电科技	7 133 632	156 797 231.36	7.89
5	002156	通富微电	9 529 866	156 766 295.70	7.89
6	000725	京东方 A	32 351 400	146 875 356.00	7.40
7	600703	三安光电	7 800 000	143 208 000.00	7.21
8	002371	北方华创	1 470 000	129 360 000.00	6.51
9	300136	信维通信	2 139 923	97 109 705.74	4.89
10	300115	长盈精密	5 321 128	94 662 867.12	4.77

资料来源：银河基金网（截至 2019 年 12 月 31 日）。

从银河创新成长混合基金十大持仓股的分布来看，科技行业股票属于该基金的核心持股领域。其中，歌尔股份、闻泰科技、晶方科技、长电科技等科技白马股占据了相对较大的持仓份额。在2019年的震荡牛市中，科技股独领风骚，一直处于引领大盘上涨的地位。该基金因其持有大量科技股，所以基金净值在2019年增长较快。

3. 基金收益情况

下面来看银河创新成长混合基金收益与沪深300指数的走势对比情况，如图5–15所示。

图5–15　银河创新成长混合基金与沪深300指数走势对比（来源：天天基金网）

银河创新成长混合基金在最近5年中的收益率波动形态与沪深300指数比较吻合，不过，从基金净值走势来看，2019年以前，该基金的净值走势与沪深300指数走势基本一致。2019年之后，该基金净值加速上扬，并与沪深300指数拉开了距离，这与2019年科技股的爆发有直接的关系。

第六章

主题概念股票型基金投资

随着科技的不断进步与发展，行业之间的界限逐渐模糊，越来越多融合多行业特征的新兴概念和行业出现了。很多基金公司也追随市场的脚步，成立了定向投资于新兴概念和行业的股票型基金。当然，这些概念大部分与科技创新有关。

第一节 “互联网 +”概念股票型基金投资分析

互联网行业是未来极具发展潜力的行业之一。经过多年的发展，我国互联网行业涌现出了很多颇具代表性的企业。近年来，其他行业也加快了与互联网行业的融合，逐渐兴起了“互联网 +”概念。

“互联网 +”是对新一代信息技术与创新 2.0 相互作用、共同演化、推进经济社会发展新形态的高度概括。从本质上来说，“互联网 +”不仅仅是互联网行业的扩大、延伸并作用于其他传统行业，而是充分融合了计算（云计算）、数据（大数据）、知识，从而形成了新的创新。

一、“互联网 +”概念及构成

截至 2019 年 6 月底，我国网民人数突破了 8.54 亿人，互联网普及率接近 60%，手机网民占网民总数的比重为 98.6%。也就是说，网民数量的增长与智能手机的普及密不可分。很少有行业能够涵盖如此多的人口数量，这也为互联网行业的发展提供了重要的基础和支持。目前，我国互联网行业发展呈现出如下几个典型态势。

第一，网民人口中，以中青年居多，其中又以学生为主。目前，网民人口有逐渐向老年人倾斜的趋势，也就是说，越来越多的老年人也加入到了上网大军之中。

第二，随着经济的发展，我国互联网基础设施建设不断完善，智能终端、物联网、人工智能以及智能穿戴等细分行业都得到了较快的发展。

第三，互联网行业从单一的行业逐渐走向了与其他产业的融合，而且这种融合趋势还在进一步加强，比如社交与电子商务的融合更为紧密。

也就是说，随着越来越多的行业与互联网融合，“互联网＋”行业将会越来越多，其中比较典型的有工业互联网、能源互联网、移动互联网、互联网＋医疗、互联网＋政务、互联网＋教育、互联网＋云经济、互联网＋金融等。

二、“互联网＋”行业发展趋势

目前，“互联网＋”行业正处于快速成长期，其发展态势日益显现出几个显著趋势，如图 6–1 所示。

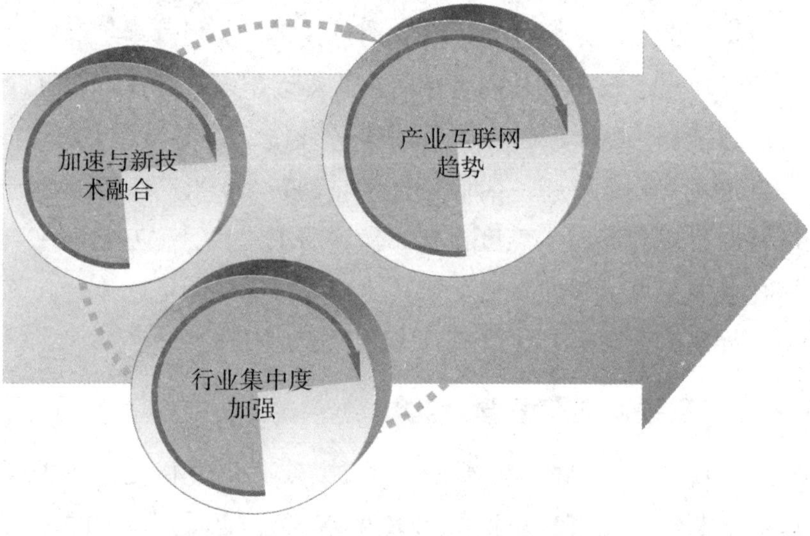

图 6–1　“互联网＋”概念的发展趋势

第一，互联网行业加速与新技术的融合。比如物联网、可穿戴装备、人工智能、3D 成像等领域，都是比较典型的代表。当然，未来也有可能会诞生新的行业或领域。

第二，产业互联网将成为一种大趋势。产业互联网基于互联网技术和生态，对各个垂直产业的产业链和内部价值链进行重塑和改造，从而形成新的互联网生态和形态，比较典型的如工业互联网、能源互联网、互联网＋医疗、互联网＋教育。工业富联就是典型的工业互联网代表股票。

第三，行业集中度将会进一步增强。腾讯、阿里巴巴、京东、百度等互联网巨头在资金、人才、技术方面具有非常强大的优势，很可能会推动整个互联网行业的整合，从而使互联网行业的集中度增加。目前，很多新兴的互联网企业背后，都能看到这些互联网巨头的身影，如共享单车领域、短视频领域。

三、投资“互联网 +”概念股票的基本逻辑

“互联网 +”概念涉及的企业不仅包括传统的互联网企业，也可能涵盖很多原有的传统企业，更会存在一些融合了互联网技术与行业的新企业、新业态。比如，我们常见的网络问诊平台，其实就是互联网与医疗行业结合形成的“互联网 + 医疗”行业。投资“互联网 +”概念股票时，需要遵循如下几个基本逻辑。

第一，由于 A 股上市融资规则的要求，很多尚处成长期的互联网企业无法在 A 股上市，股票投资者可以从目前已上市的互联网企业中选择竞争能力较强的标的。不过，通过投资股票型基金来间接投资这些“互联网 +”概念企业，也是一个不错的选择。目前，投资者可以选择一些 QDII 基金间接实现对这些企业的投资。

第二，随着科创板的开通，一些处于成长期的“互联网 +”企业可以登陆 A 股市场。投资者可仔细分析标的企业的成长能力，比如市场占有率、营收额等指标，从中寻找成长性较高的企业。当然，若净利润指标也非常漂亮那就再好不过了，成长性与盈利能力仍是考察优质股票的重要指标。

第三，关注互联网与产业资本的融合。工业互联网已经成为时下资金炒作的热门，但距离真正产生实质性的盈利还需要一些时间，投资者需要关注那些真正能够通过互联网与相关产业融合推动效益提升的企业。不过，工业互联网、能源互联网、移动互联网等概念仍会时不时引领一波上升行情。

第四，关注互联网与新技术融合的方向，比如前面反复提及的物联网、人工智能以及可穿戴装备等领域。大部分从属于该领域的企业还没有上市融资，留给投资者的机会很多。目前，股市中大部分具备相关概念的企业，并没有因为这些业务获得盈利，因而，投资者还是要把眼光放到未来。投资者

可以选择一些以互联网为主题的股票型基金，让这些基金帮助自己完成对该领域的投资。特别是一些战略配售基金，可以参与互联网企业的配售，这无疑会提升其收益水平。

四、“互联网 +”概念股票型基金梳理

截至 2020 年 2 月中旬，市场上以“互联网 +”概念为投资标的的股票型基金并不多，且基本上都是最近几年成立的，如表 6–1 所示。

表 6–1　以“互联网 +”概念股票为主要投资标的的股票型基金

基金名称	所属公司	1 年内涨幅	3 年内涨幅	5 年内涨幅	现任基金经理
华安媒体互联网混合	华安基金	97.29%	121.27%	—	胡宜斌
招商移动互联网产业股票	招商基金	60.46%	40.13%	—	张林
大成互联网思维混合	大成基金	34.48%	47.17%	—	李博
建信互联网 + 产业升级股票	建信基金	47.22%	27.07%	—	何珅华
中银互联网 + 股票	中银基金	56.23%	42.2%	—	欧阳力君
工银互联网加股票	工银基金	53.24%	2.98%	—	张继圣
博时互联网主题灵活配置混合	博时基金	64.07%	49.61%	—	郭晓林
长盛互联网 + 混合	长盛基金	9.11%	9.22%	—	赵楠
银华互联网主题灵活配置混合	银华基金	74.35%	52.74%	—	王浩
国泰互联网 + 股票	国泰基金	41.89%	67.05%	—	彭凌志
泰信互联网 + 混合	泰信基金	51.52%	37.9%	—	钱鑫
融通互联网传媒灵活配置混合	融通基金	28.57%	12.89%	—	张鹏
天弘互联网混合	天弘基金	100.57%	79.49%	—	陈国光

注：截至 2020 年 2 月 14 日。

“互联网 +”是最近几年兴起的概念，以“互联网 +”概念为投资标的的基金产品都是最近几年成立的。我们在比较业绩标准时，以最长 3 年为期限进行比较。

下面来看表 6–2 所示的“互联网 +”概念股票型基金的平均收益与大盘指数的对比情况。

表 6–2　“互联网 +”概念股票型基金的平均收益与大盘走势对比

对比项目	1 年内涨幅	3 年内涨幅
股票型基金平均收益	55.31%	45.36%
上证指数	6.8%	–9.66%
沪深 300 指数	17.29%	15.24%

注：截至 2020 年 2 月 14 日。

通过表 6–1 和表 6–2 的对比，可以总结出如下几个特征。

第一，以“互联网 +”概念股票为投资标的的股票型基金，整体表现要远远好于大盘指数的走势。特别是从长期来看，3 年内“互联网 +”概念股票型基金的平均涨幅达到了 45.36%，而沪深 300 指数的涨幅仅为 15.24%，上证指数的涨幅为 –9.66%，说明以“互联网 +”概念股票为主要投资标的的股票型基金的平均收益要优于指数型基金。

第二，由于 2019 年科技行业股票整体涨幅较大，“互联网 +”概念也随之大幅上扬。同时，整个“互联网 +”概念股票型基金的收益差距较大，比如收益最好的天弘互联网混合基金，收益为 100.57%，而收益最差的长盛互联网 + 混合基金，收益仅为 9.11%，说明基金经理运作的效果还是有所不同的。

第三，将时间线拉长，更能看出“互联网 +”概念股票型基金的运作效果。从 3 年时间来看，“互联网 +”概念股票型基金的平均收益仍有 45.36%，这一数值水平尽管远高于大盘指数的涨幅，但比一年内的涨幅还是低了一些，这主要是 2018 年下半年有一波熊市的原因。

就整体而言，“互联网 +”概念股票型基金最近一年的收益情况，相比科技创新行业股票型基金还是比较弱的，但比大盘蓝筹类股票型基金要好。投资者从该概念中选择基金时，还是要把重点放在选择具体的基金品种上。

五、典型基金品种——天弘互联网混合基金

天弘互联网混合基金成立于 2015 年 5 月 29 日，旨在利用公司大数据研究优势，优选引领互联网技术发展升级的信息产业及相关受益行业的优质企

业进行投资，力求为基金份额持有人获取超过业绩比较基准的收益。

1. 基金基本情况

天弘互联网混合基金的基本情况如表 6–3 所示。

表 6–3　天弘互联网混合基金基本情况表

所属基金公司	天弘基金	创立日期	2015.5.29
基金规模	13.4 亿元（2019.12.31）	基金评级	★★★★
现任基金经理	陈国光（2020.2.13）	任职开始时间	2016.2.22
基金经理任期回报	67.96%（2020.2.13）	任期沪深 300 指数涨幅	27.86%

从基金的基本情况可以看出，该基金整体规模较小，比较适合在互联网领域选择中小盘成长股。该基金经理任职的 4 年时间里，沪深 300 指数的涨幅为 27.86%，而本基金的涨幅为 67.96%，说明该基金经理的运作比较有效。该基金整体评级为四星级，属于市场上评级较高的基金。

2. 基金持仓分布

该基金的十大持仓股票及市值占比如表 6–4 所示。

表 6–4　天弘互联网混合基金的十大持仓股

序号	股票代码	股票名称	数量（股）	公允价值（元）	占基金资产净值比例（%）
1	002475	立讯精密	2 933 873	107 086 364.50	7.99
2	300782	卓胜微	231 881	95 157 005.97	7.10
3	000977	浪潮信息	2 667 230	80 283 623.00	5.99
4	600584	长电科技	3 013 700	66 241 126.00	4.94
5	002371	北方华创	735 052	64 684 576.00	4.83
6	002156	通富微电	3 822 070	62 873 051.50	4.69
7	603986	兆易创新	297 039	60 860 320.71	4.54
8	600745	闻泰科技	578 300	53 492 750.00	3.99
9	002916	深南电路	367 179	52 176 135.90	3.89
10	300628	亿联网络	708 740	51 319 863.40	3.83

资料来源：天弘基金网（截至 2019 年 12 月 31 日）。

从天弘互联网混合基金的十大持仓股的分布来看，科技行业股票属于该基金核心持股领域。其中，立讯精密、卓胜微、浪潮信息、长电科技等科技白马股占据了相对较大的持仓份额。其实，不仅是天弘互联网混合基金，其他“互联网+”主题基金也持仓了大量科技股票。当然，由于2019年科技股上涨势头较猛，所以这些基金产品的收益颇丰。

3. 基金收益情况

下面来看天弘互联网混合基金收益与沪深300指数的走势对比情况，如图6–2所示。

图6–2　天弘互联网混合基金与沪深300指数走势对比（来源：天天基金网）

天弘互联网混合基金在最近3年中的收益率波动形态与沪深300指数比较吻合，不过，从基金净值走势来看，2019年以前，该基金的净值走势与沪深300指数走势基本一致。2019年之后，该基金净值加速上扬，并与沪深300指数形成了较大的落差，这与2019年科技股的爆发有直接关系。从这一点来说，该互联网基金持仓了大量科技股，对投资者来说还是比较有利的。

第二节　产业升级概念股票型基金投资分析

通常情况下，可将国民经济中的行业划分为夕阳产业和朝阳产业。朝阳产业代表了未来的发展方向，行业正处于上升期，身处该行业的企业往往更容易发展壮大。反之，夕阳产业则代表开始进入衰退期，身处该行业的企业发展日趋困难，很多企业身陷破产的边缘。产业升级就是让这些夕阳产业通过技术改造、生产要素改进等完成升级换代，重新步入上升期。

按照当前对产业升级的定义：产业升级就是使产品附加值提高的生产要素改进、结构改变、生产效率与产品质量提高、产业链升级。

一、产业升级概念及构成

产业升级就是从产业结构升级转移到利润更大更赚钱的产业结构，比如，从传统的工厂发展为高技术企业。产业升级更多的会涉及各类传统产业，特别是传统工业中的重工业、轻工业、劳动密集型企业等行业。

通常所说的产业升级包括如下几个类别，如图 6–3 所示。

第一类：企业产品附加值提升。通过提升产品附加值的方式，使企业获得更多利润。这种提升包括产品品质提升、产品质量和生产效率提升、产业链升级等。比如，一些生产传统食品的企业，推出新的适合高端人群口味的食品；一些生产建材的企业，向上游或下游扩展，为消费者提供更好的服务性支持。

第二类：整个行业产品附加值提升。整个行业通过技术改进或管理创新，促使整个产业内企业生产的产品品质和附加价值得到提升。比如，一些家电行业通过持续的产业升级和技术创新，使得产品品质不断提升，价格不断下降。

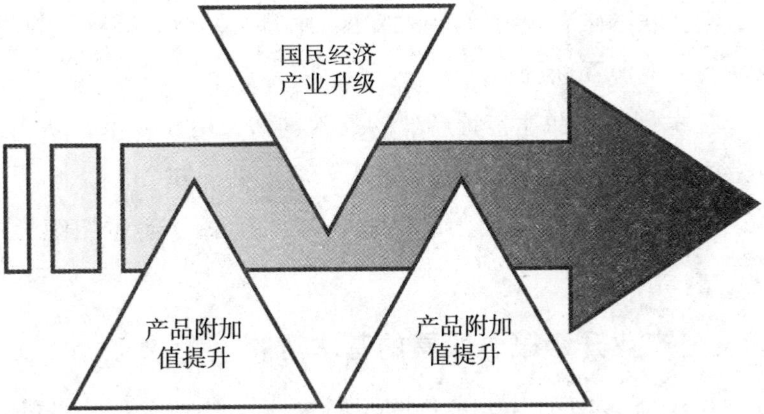

图 6-3　产业升级的类别

第三类：整个国民经济实现产业升级。即国民经济中的劳动密集型产业向知识密集型、服务密集型转型，从而促使第一产业和第二产业在国民经济中所占的比重不断下降。

总之，除了新兴科技领域外，大多数行业都会涉及产业升级的问题。

二、产业升级概念发展趋势

当前和未来一段时间，产业升级显现出以下几种发展趋势，如图 6–4 所示。

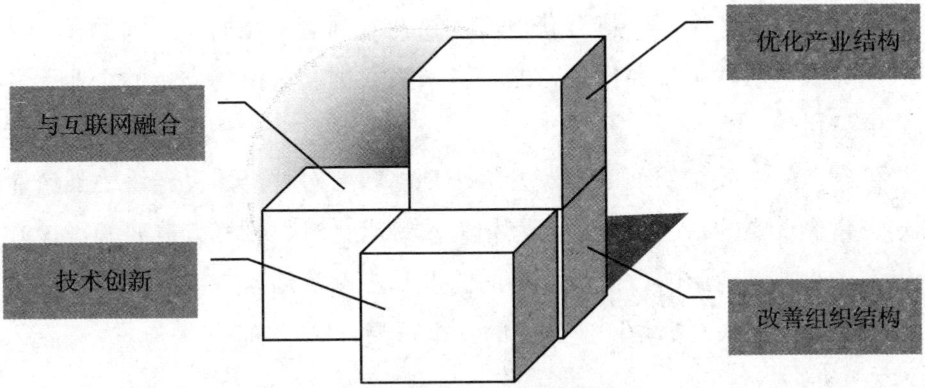

图 6–4　产业升级概念的发展趋势

第一，优化产业结构。原有的传统工业企业生产的产品向高附加值、高加工度产品升级。

第二，与互联网融合。传统产业加速与信息化结合，形成新的产业形式，如工业互联网、能源互联网。

第三，技术创新。加速传统产业的技术创新，用新技术、新产品突破企业或行业发展的瓶颈，使企业的发展进入新的上升周期。

第四，改善组织结构。组织结构升级，改变原有产业的组织形式和运行方式。

三、投资产业升级概念股票的基本逻辑

随着国民经济转型和升级步伐的不断提速，未来产业升级概念也可能成为投资领域的一个热门概念。当然，由于产业升级概念涉及的行业和企业众多，鱼龙混杂，这就需要投资者仔细识别，把握住以下几项基本的投资逻辑。

第一，寻找产业升级的真正受益者。目前，产业升级概念涵盖的行业和企业众多，但真正能够受益的企业或取得产业升级实质效果的企业并不多。投资者需要从众多进行产业升级的企业中，挖掘业绩获得巨大改善的企业。

第二，寻找产业升级的中间获益者。与互联网或信息技术结合，是很多产业升级的一种重要途径，因而，能够帮助其他企业或行业完成这一升级的互联网或信息技术企业，将会获得实实在在的利益。比如，大数据和云计算在产业升级中发挥了重要作用，能够提供大数据和云计算支持的企业无疑将会直接获利。

第三，关注政策层面的产业升级规划。政府对整个国民经济中的产业升级方向起着重要的指引作用，当有相关政策出台时，投资者需要考虑该政策对相关产业升级的影响，以及影响的深度和广度等因素。比如，时下的工业互联网和能源互联网都是产业升级的一个重要方向。

四、产业升级概念股票型基金梳理

截至 2020 年 2 月中旬，市场上以产业升级概念为投资标的的股票型基金并不多，这里将新兴产业概念的基金计入产业升级概念的范畴。以“产业

升级”和“新兴产业”概念为投资标的的股票型基金，且成立时间在 5 年以上的，如表 6–5 所示。

表 6–5 以产业升级概念股票为主要投资标的的股票型基金

基金名称	所属公司	1 年内涨幅	3 年内涨幅	5 年内涨幅	现任基金经理
华商产业升级混合	华商基金	40.93%	20.25%	42.61%	胡欣杨
东方红产业升级混合	上海东方	36.05%	76.25%	161.29%	王延飞
信达澳银产业升级混合	信达澳银	58.24%	10.57%	39.91%	曾国富
大成产业升级股票	大成基金	51.43%	39.61%	37.16%	李林益
嘉实新兴产业股票	嘉实基金	79.66%	127.61%	194.64%	归凯
长城新兴产业混合	长城基金	41.21%	37.28%	58.46%	陈良栋
华宝新兴产业混合	华宝基金	46.12%	20.11%	24.72%	易镜明
国投瑞银新兴产业混合	国投瑞银	51.5%	53.93%	137.28%	孙文龙
中邮战略新兴产业混合	中邮基金	43.69%	0.31%	15.59%	杨欢
信诚新兴产业混合	信诚基金	48.53%	–2.93%	4.41%	郑伟
长盛战略新兴产业混合	长盛基金	14.76%	5.63%	42.65%	杨衡

注：截至 2020 年 2 月 14 日。

总体来说，产业升级和新兴产业是最近几年比较热门的概念，因而，以该概念为投资对象的股票型基金，整体收益还不错。

下面来看表 6–6 所示的产业升级概念股票型基金的平均收益与大盘指数的对比情况。

表 6–6 产业升级概念股票型基金的平均收益与大盘走势对比

对比项目	1 年内涨幅	3 年内涨幅	5 年内涨幅
股票型基金平均收益	46.56%	35.33%	68.97%
上证指数	6.8%	–9.66%	–8.64%
沪深 300 指数	17.29%	15.24%	14.12%

注：截至 2020 年 2 月 14 日。

通过表 6–5 和表 6–6 的对比，可以总结出如下几个特征。

第一，以产业升级概念股票为投资标的的股票型基金，整体表现要远远好于大盘指数的走势。特别是从长期来看，5 年内产业升级概念股票型基金的平均涨幅达到了 68.97%，而沪深 300 指数的涨幅仅为 14.12%，上证指数的涨幅为 –8.64%，说明以产业升级概念股票为投资标的的股票型基金的平均收益要优于指数型基金。

第二，以 2019 年的波动情况为例，沪深 300 指数的涨幅为 17.29%，而产业升级基金的平均涨幅为 46.56%，该类基金的平均涨幅远远超过了指数涨幅。但相比之前介绍的科技类基金、生物医药类基金就会发现，产业升级类基金的涨幅并不是很理想。嘉实新兴产业股票基金的收益达到了 79.66%，这一数据是非常漂亮的。

第三，将时间线拉长，更能看出产业升级概念股票型基金的运作效果。从 3 年时间来看，产业升级概念股票型基金的平均收益仍有 35.33%。这一数值水平尽管远高于大盘指数的涨幅，但比一年内的涨幅还是低了一些，这主要是 2018 年下半年有一波熊市的原因。

第四，从 5 年期收益来看，产业升级概念股票型基金的平均收益达到了 68.97%。不过，这一高平均收益其实主要是靠三只基金拉升的，大部分基金的收益并不好。嘉实新兴产业股票基金的收益是最高的，达到了 194.64%，而信诚新兴产业混合基金仅为 4.41%。也就是说，从长期来看，不同的基金经理操盘下的相似基金产品的收益差距极大。

总之，产业升级概念股票型基金整体上表现并不理想，只有几只基金表现尚可。投资者在投资基金时，需要注意选择基金品种。

五、典型基金品种——嘉实新兴产业股票基金

嘉实新兴产业股票基金成立于 2014 年 9 月 17 日，旨在适度控制风险并保持良好流动性的前提下，分享新兴产业带来的投资机会，力求获得超额收益与长期资本增值。

1. 基金基本情况

嘉实新兴产业股票基金的基本情况如表 6–7 所示。

表 6–7　嘉实新兴产业股票基金基本情况表

所属基金公司	嘉实基金	创立日期	2014.9.17
基金规模	22.8 亿元（2019.12.31）	基金评级	★★★★★
现任基金经理	归凯（2020.2.13）	任职开始时间	2018.12.4
基金经理任期回报	84.64%（2020.2.13）	任期沪深 300 指数涨幅	22.03%

从基金的基本情况可以看出，该基金整体规模较小，比较适合在科技创新领域选择中小盘成长股。该基金经理任职时间在一年左右，其间沪深 300 指数的涨幅为 22.03%，而本基金的涨幅为 84.64%，说明该基金经理的运作比较有效。当然，这与 2019 年出现的一波小牛市有关。该基金整体评级为五星级，属于市场上最高评级的基金。

2. 基金持仓分布

嘉实新兴产业股票基金的十大持仓股票及市值占比如表 6–8 所示。

表 6–8　嘉实新兴产业股票基金的十大持仓股

序号	股票代码	股票名称	数量（股）	公允价值（元）	占基金资产净值比例（%）
1	300012	华测检测	9 524 254	142 006 627.14	6.23
2	600763	通策医疗	1 170 620	120 023 668.60	5.26
3	000063	中兴通讯	2 897 035	102 526 068.65	4.50
4	000651	格力电器	1 471 700	96 514 086.00	4.23
5	300760	迈瑞医疗	518 236	94 267 128.40	4.13
6	300124	汇川技术	2 900 811	88 880 849.04	3.90
7	002410	广联达	2 546 920	86 544 341.60	3.80
8	000100	TCL 科技	19 229 300	85 954 971.00	3.77
9	601799	星宇股份	869 472	82 582 450.56	3.62
10	300357	我武生物	1 819 025	80 309 953.75	3.52

资料来源：嘉实基金网（截至 2019 年 12 月 31 日）。

从嘉实新兴产业股票基金的十大持仓股的分布来看，科技行业股票属于该基金核心持股领域。其中，华测检测、中兴通讯、汇川技术、TCL 科技等科技白马股占据了相对较大的持仓份额。同时，在 2019 年的震荡牛市中，科技股独领风骚，一直处于引领大盘上涨的地位。该基金因其持有大量科技股，所以基金净值在 2019 年增长较快。

3. 基金收益情况

下面来看嘉实新兴产业股票基金收益与沪深 300 指数的走势对比情况，如图 6–5 所示。

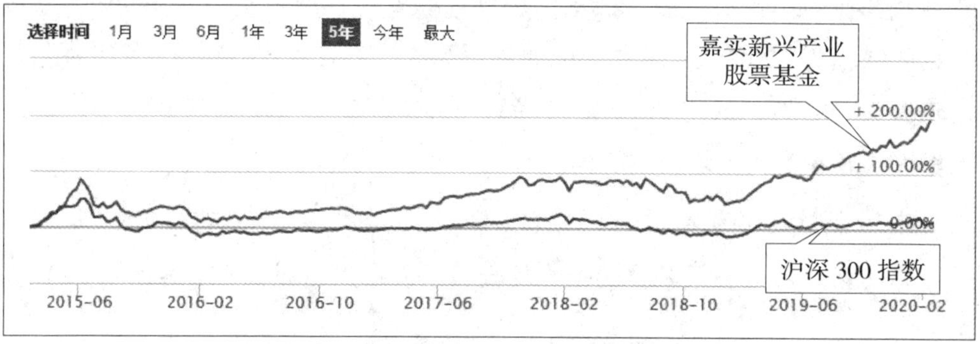

图 6–5　嘉实新兴产业股票基金与沪深 300 指数走势对比（来源：天天基金网）

嘉实新兴产业股票基金在最近 5 年中的收益率波动形态与沪深 300 指数比较吻合，不过，从基金净值走势来看，最近两年基金的涨幅明显要高于沪深 300 指数，尤其是进入 2019 年之后，该基金的上涨速度明显加快。因为嘉实新兴产业股票基金持仓了大量科技股，这对投资者来说还是比较有利的。

第三节　新能源概念股票型基金投资分析

传统能源日趋枯竭，为新能源的发展带来了广阔的空间。随着科技的不断进步，新能源开发与利用成本也会逐渐降低，这就为行业的快速发展扫清了主要障碍。未来，该行业中可能会涌现出一批高速成长型企业。

一、新能源概念及构成

新能源又称非常规能源，是指传统能源之外的各种能源形式。新能源行业涵盖的范围非常广，其中比较有代表性的板块包括但不限于以下几类，如图 6–6 所示。

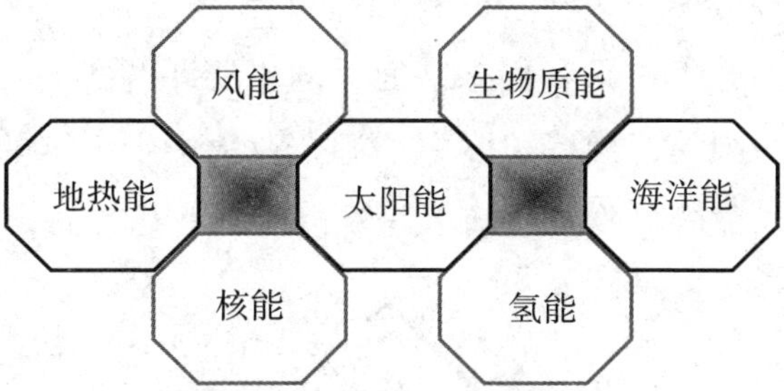

图 6–6　新能源的形式

投资领域所说的新能源概念，还包括各种新能源设备制造、新能源应用开发等领域内的企业。

二、新能源行业发展趋势

新能源行业的市场空间非常广阔，行业内的优势企业往往都能获得较为丰厚的超额利润。目前，新能源行业展现出如下几个典型的发展趋势。

第一，资本密集。

通常情况下，任何一个新兴的、未成熟的行业，都需要投入大量的资金进行研发，之后，随着技术的逐渐成熟，开发和利用成本才会逐渐降低。新能源行业就是一个尚处需要大量资金投入的发展阶段，这种资金需求无形中为很多中小企业设置了进入的壁垒。

第二，上游技术垄断。

新能源领域存在这样一种分布规律，即越是上游产业，技术垄断越趋于集中；越是下游产业，技术和市场越趋于分散。其他企业想要介入新能源上游产业并不容易，这也与新能源行业对资本的需求密切相关，越是上游企业，需要的资本也越多。

第三，下游竞争激烈。

由于新能源上游产业需要较大的资本投入，同时伴有较高的技术壁垒，一些中小型企业想要进入新能源行业，不得不从底层的下游业务入手，从而导致新能源下游企业竞争比较激烈，行业利润率相对较低。

三、投资新能源概念股票的基本逻辑

新能源利用与开发，是我们未来面对的主要课题之一。当前，新能源行业由于开发成本的制约，使得很多中小型企业集中于下游的新能源应用与开发环节。投资新能源概念股票的基本逻辑包括以下几方面，如图 6–7 所示。

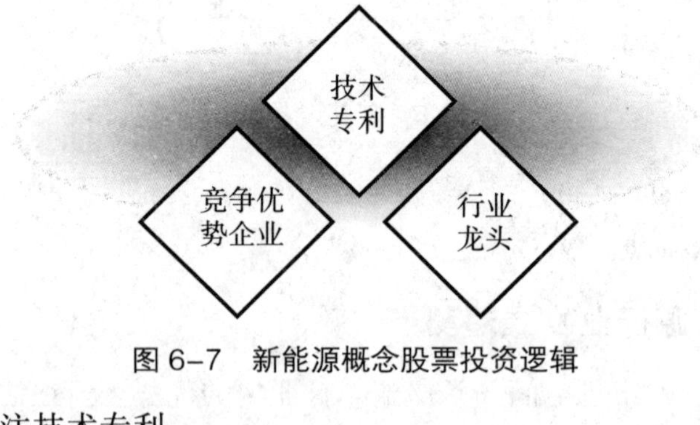

图 6–7　新能源概念股票投资逻辑

第一，关注技术专利。

只有拥有技术专利壁垒的企业，才能获得更多的超额利润。无论是新能源开发，还是新能源利用，都需要企业在技术方面有所突破。新能源开发与利用领域有大量的空白，这就需要更多具有进取精神的企业去填补。这些企业若能在新能源领域取得突破性成果，就会为自己设置一道坚固的护城河，利润也就会滚滚而来。不过，目前新能源领域的大多数专利技术都掌握在少数几家大型企业手中。

第二，关注已经获得相对竞争优势的企业。

在新能源领域的争夺中，相比欧美等国的企业，我国企业的技术水平相对较低，且利润率最高的环节大都被外资企业巨头掌控。因此，在国内市场取得相对竞争优势的企业，也是值得投资者追随的标的。同时，投资者还需要关注新能源与其他行业的结合，如新能源汽车、新能源发电。

第三，寻找行业内的龙头企业。

龙头企业总是更容易取得超过行业平均水平的毛利率和净利水平，同时，龙头企业也可能在研发方面取得突破性成果，因此，这类企业也应该成为投资者重点关注的对象。在新能源领域，各个细分领域的龙头企业最有可能突出重围，获得超额收益。

四、新能源概念股票型基金梳理

截至 2020 年 2 月中旬，市场上以新能源概念为投资标的的股票型基金并不多，这里将新能源汽车等相关概念的基金计入新能源概念的范畴。以新能源概念为投资标的且成立时间在 3 年以上的基金如表 6–9 所示。

表 6–9　以新能源概念股票为主要标的的股票型基金

基金名称	所属公司	1 年内涨幅	3 年内涨幅	现任基金经理
农银新能源主题	农银汇理基金	51.16%	30.92%	赵诣
工银新材料新能源股票	工银基金	35.8%	10.5%	张剑峰
申万菱信新能源汽车混合	申万菱信	58.74%	48.69%	任琳娜
中海环保新能源混合	中海基金	39.38%	40.18%	刘俊
融通新能源灵活配置混合	融通基金	54.83%	45.89%	彭炜
信达澳银新能源产业股票	信达澳银	108.32%	175.76%	冯明远
东方新能源汽车混合	东方基金	40.57%	4.28%	李瑞

注：截至 2020 年 2 月 14 日。

新能源概念是最近几年兴起的概念，因而以新能源概念为投资标的的基金产品都是最近几年成立的。这里在比较业绩标准时，也是以最长 3 年为期限进行比较的。

下面来看表 6–9 所示的新能源概念股票型基金的平均收益与大盘指数的对比情况。

表 6–10　新能源股票型基金的平均收益与大盘走势对比

对比项目	1 年内涨幅	3 年内涨幅
股票型基金平均收益	55.54%	50.89%
上证指数	6.8%	–9.66%
沪深 300 指数	17.29%	15.24%

注：截至 2020 年 2 月 14 日。

通过表 6–9 和表 6–10 的对比，可以总结出如下几个特征。

第一，以新能源概念股票为投资标的的股票型基金，整体表现要远远好于大盘指数的走势。特别是从长期来看，3 年内新能源概念股票型基金的平均涨幅达到了 50.89%，而沪深 300 指数的涨幅仅为 15.24%，上证指数的涨幅为 –9.66%。说明以新能源概念股票为投资标的的股票型基金的平均收益要优于指数型基金。

第二，由于 2019 年科技行业股票整体涨幅较大，新能源概念也随之大幅上扬。但基金之间的收益差距较大，最高收益的信达澳银新能源产业股票基金的收益达到了 108.32%，而最低的工银新材料新能源股票基金的收益只有 35.8%。

第三，不能因为整体收益高，就简单地认为所有新能源股票型基金收益都较高。也应该看到新能源股票型基金平均收益大幅高于指数的原因，即整体基金数量偏少，只有 7 只，个别高收益基金能够拉动整体平均收益大幅上扬。

五、典型基金品种——信达澳银新能源产业股票基金

信达澳银新能源产业股票基金成立于 2015 年 7 月 31 日，旨在适度控制风险并保持良好流动性的前提下，分享新兴产业带来的投资机会，力求获得

超额收益与长期资本增值。

1. 基金基本情况

信达澳银新能源产业股票基金的基本情况如表 6–11 所示。

表 6–11　信达澳银新能源产业股票基金基本情况表

所属基金公司	信达澳银基金	创立日期	2015.7.31
基金规模	29.7 亿元（2019.12.31）	基金评级	★★★★★
现任基金经理	冯明远（2020.2.14）	任职开始时间	2016.10.19
基金经理任期回报	167.54%（2020.2.14）	任期沪深 300 指数涨幅	21.2%

从基金的基本情况可以看出，该基金整体规模适中，比较适合在科技与新能源、新材料领域选择合适的标的。该基金经理任职时间有 3 年多，其间沪深 300 指数的涨幅为 21.2%，而本基金的涨幅为 167.54%，说明该基金经理的运作比较有效。当然，这与 2019 年出现的小牛市有关。该基金整体评级为五星级，属于市场上最高评级的基金。

2. 基金持仓分布

信达澳银新能源产业股票基金的十大持仓股票及市值占比如表 6–12 所示。

表 6–12　信达澳银新能源产业股票基金的十大持仓股

序号	股票代码	股票名称	数量（股）	公允价值（元）	占基金资产净值比例（%）
1	002456	欧菲光	7 687 207	119 920 429.20	4.04
2	002185	华天科技	10 904 744	81 458 437.68	2.74
3	002156	通富微电	4 856 898	79 895 972.10	2.69
4	600584	长电科技	3 631 282	79 815 578.36	2.69
5	600131	岷江水电	2 956 613	58 600 069.66	1.97
6	000063	中兴通讯	1 585 620	56 115 091.80	1.89
7	603005	晶方科技	1 421 010	55 959 373.80	1.88
8	600498	烽火通信	2 029 118	55 699 289.10	1.88

续表

序号	股票代码	股票名称	数量（股）	公允价值（元）	占基金资产净值比例（%）
9	603186	华正新材	1 458 547	55 658 153.52	1.87
10	300083	劲胜智能	13 768 600	54 936 714.00	1.85

资料来源：信达澳银基金网（截至 2019 年 12 月 31 日）。

从信达澳银新能源产业股票基金的十大持仓股的分布来看，科技行业股票属于该基金的核心持股领域。其中，欧菲光、华天科技、长电科技等科技白马股占据了较大的持仓份额。观察整体持仓情况可以发现，该基金的十大重仓股合计持仓量为 23.5%，这一持仓占比相比之前介绍的基金十大持仓股来说，属于很低的标准，说明该基金的持仓较为分散，风险防御能力较强。

3. 基金收益情况

下面来看该基金收益与沪深 300 指数的走势对比情况，如图 6–8 所示。

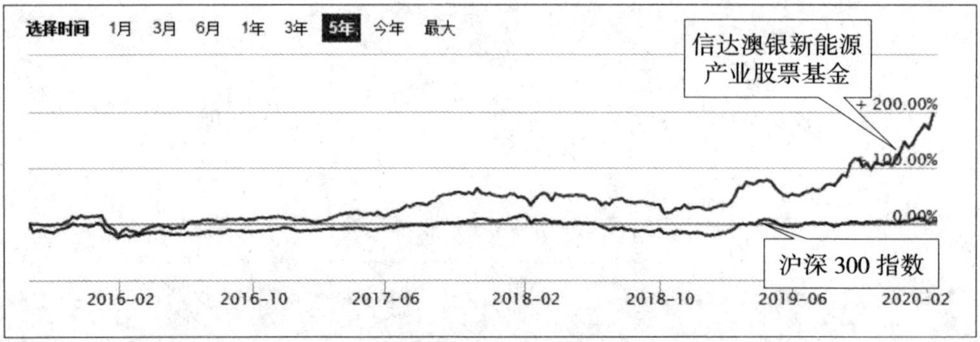

图 6–8　信达澳银新能源产业股票基金与沪深 300 指数走势对比（来源：天天基金网）

信达澳银新能源产业股票基金在最近几年的收益率波动形态与沪深 300 指数比较吻合，不过，从基金净值走势来看，最近两年基金涨幅明显高于沪深 300 指数，尤其是进入 2019 年之后，该基金的上涨速度明显加快。从这一点上来说，信达澳银新能源产业基金的持仓股票大部分还是属于科技类股票。

第四节　高端制造概念股票型基金投资分析

从某种意义上来说，高端制造是一种与低端制造相对的概念。高端制造业是工业化发展的高级阶段，是具有高技术含量和高附加值的产业。

一、高端制造概念及构成

我国的装备制造水平长期处于较低水平，在整个装备制造价值链中，也是处于下游水平，这就使得很多企业尽管产值很高，但利润很低。一些高端装备制造技术匮乏，已经成为制约我国制造业升级的瓶颈。在《中国制造2025》中，中央政府将高端装备制造提升到了前所未有的战略高度，该规划的实施将会极大地促进我国高端装备制造业的迅猛发展，也会涌现出一批成长型企业。高端制造业涵盖的范围非常广，包括但不限于以下几类细分领域，如图 6–9 所示。

图 6–9　高端制造行业的范围

二、高端制造行业发展趋势

高端制造行业涵盖的行业门类非常多，拥有极大的发展空间和潜力。该行业企业包括但不限于以下几个特点。

第一，技术导向。

高端装备制造涵盖了大型飞机、航空发动机及燃气轮机、民用航天、智能绿色列车、节能与新能源汽车、海洋工程装备及高技术船舶、智能电网成套装备、高档数控机床、核电装备、高端诊疗设备等领域。这些领域不仅本身属于高精尖领域，而且未来还会与互联网相关联，这就更加强化了其技术内涵。一家企业要想在这些领域取得成果，并获得现实的收益，必然需要突破关键技术。

第二，与工业互联网的结合。

工业互联网与制造业的协同发展将会成为未来高端制造产业的显著特征，云制造、智能制造与人工智能，都将会与高端装备制造融合。特别是一些中小型成长型企业，它们参与高端装备制造，就更需要借助与工业互联网的融合。

第三，自研与外部合作相结合。通过收购、兼并或与国外企业的技术合作，能够加快高端制造行业的发展速度，但最核心的领域还需要国内企业通过自主研发的方式完成技术攻关与突破。

三、投资高端制造概念股票的基本逻辑

高端装备制造领域具有很大的发展空间，需要大量的成长型企业来填补。这个领域的成长型企业往往具有以下几项特征，如图 6–10 所示。

第一，关注具有核心技术优势的企业。

只有核心技术优势明显的企业，才可能在激烈的竞争中生存下来，这一显著特征将会在高端装备制造领域获得更多验证。核心技术是成长型企业在高端装备制造领域取得竞争优势的关键，率先取得核心技术突破的成长型企业将会获得快人一步的发展先机。

第二，关注获得技术壁垒优势的企业。

尽管高端装备制造行业的利润极为丰厚，但不是每个企业都能进入，目

前大多数核心技术还掌握在国外企业手中，因此，作为后起的成长型企业，若能在高端装备制造产业有所突破，就会形成一个天然的竞争壁垒，使自己的企业获得更多超额利润。

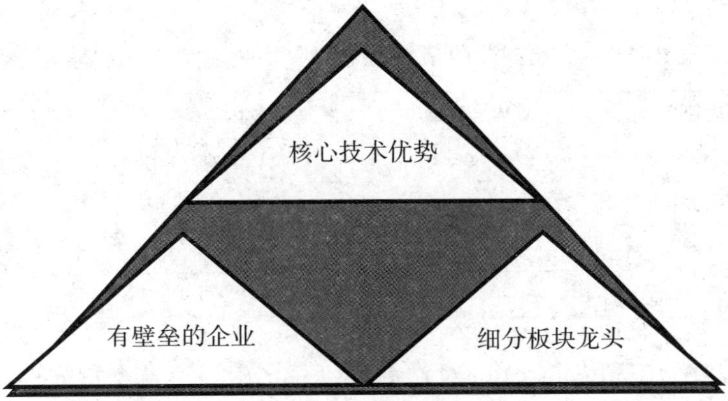

图 6–10 高端制造概念的投资逻辑

第三，关注细分板块龙头。

率先获得技术突破的成长型企业很可能会成为细分板块的龙头，这些龙头企业无一例外会获得更多超额利润。

四、高端制造概念股票型基金梳理

截至 2020 年 2 月中旬，市场上以高端制造概念为投资标的的股票型基金并不多。以高端制造概念为投资标的且成立时间在 3 年以上的股票型基金如表 6–13 所示。

表 6–13 以高端制造概念股票为主要标的的股票型基金

基金名称	所属公司	1 年内涨幅	3 年内涨幅	5 年内涨幅	现任基金经理
银华高端制造业混合	银华基金	34.57%	29.74%	–3.97%	薄官辉
富国高端制造行业股票	富国基金	69.77%	64.9%	73.34%	毕天宇
工银高端制造股票	工银基金	51.69%	6.65%	–0.28%	黄安乐
华宝制造股票	华宝基金	37.95%	3.39%	31.45%	贺喆
华夏高端制造混合	华夏基金	34.33%	–11.59%	—	郑泽鸿

注：截至 2020 年 2 月 14 日。

尽管高端制造是最近几年比较热门的概念，但毕竟该行业中涉及了很多大型制造企业，因而，这类股票的走势相对较弱。

下面来看表 6–14 所示的高端制造概念股票型基金的平均收益与大盘指数的对比情况。

表 6–14　高端制造股票型基金的平均收益与大盘走势对比

对比项目	1 年内涨幅	3 年内涨幅	5 年内涨幅
股票型基金平均收益	45.66%	18.62%	25.14%
上证指数	6.8%	–9.66%	–8.64%
沪深 300 指数	17.29%	15.24%	14.12%

注：截至 2020 年 2 月 14 日。

通过表 6–13 和表 6–14 的对比，可以总结出如下几个特征。

第一，从短期来说，以高端制造概念为投资对象的股票型基金，涨幅还是高于指数涨幅，其中主要有两方面原因：其一，标的股票很少；其二，2019 年的小牛市促使很多股票价格大幅上涨。也就是说，在这种环境下，我们很难从一年的基金走势来判断基金整体的运作情况，毕竟过去并不代表未来。

第二，以 2019 年的波动情况为例，沪深 300 指数的涨幅为 17.29%，而高端制造股票型基金的平均涨幅为 45.66%。该类基金的平均涨幅远远超过了指数涨幅，但相比我们之前介绍的科技类基金、医药健康类基金就会发现，高端制造类基金的涨幅并不是很理想。当然，富国高端制造行业股票基金的涨幅还是不错的。

第三，将时间线拉长，更能看出高端制造股票型基金的运作效果。从 3 年时间来看，高端制造概念股票型基金的平均收益仅为 18.62%，这一数值水平尽管仍高于大盘指数的涨幅，但相比其他类型的股票型基金的平均涨幅低了很多。

第四，从 5 年期收益来看，高端制造类股票基金的平均收益仅为 25.14%。不过，这一平均收益其实是靠富国高端制造行业股票基金拉升的，毕竟参与比照的基金数量很少。

总之，高端制造概念股票型基金整体上的表现并不理想，只有富国高端制造行业基金表现尚可。投资者在投资基金时，需要注意选择基金品种。

五、典型基金品种——富国高端制造行业股票基金

富国高端制造行业股票基金成立于 2014 年 6 月 20 日，旨在投资于高端制造行业相关股票，通过精选个股和风险控制，力求为基金份额持有人获取超过业绩比较基准的收益。

1. 基金基本情况

富国高端制造行业股票基金的基本情况如表 6–15 所示。

表 6–15　富国高端制造行业股票基金基本情况表

所属基金公司	富国基金	创立日期	2014.6.20
基金规模	8.53 亿元（2019.12.31）	基金评级	★★★★
现任基金经理	毕天宇（2020.2.14）	任职开始时间	2014.6.20
基金经理任期回报	129.7%（2020.2.14）	任期沪深 300 指数涨幅	86.63%

从基金的基本情况可以看出，该基金整体规模较小，比较适合基金经理的运作，但规模过小可能对投资大盘制造股票不利。在该基金经理任职的 5 年多时间里，沪深 300 指数的涨幅为 86.63%，而本基金的涨幅为 129.7%，说明该基金经理的运作比较有效。特别是在这段时间，股市经历了牛市和熊市循环，该基金仍能保持不错的收益，这是难能可贵的。该基金整体评级为四星级，属于市场上较高评级的基金。

2. 基金持仓分布

富国高端制造行业股票基金的十大持仓股票及市值占比如表 6–16 所示。

表 6–16　富国高端制造行业股票基金的十大持仓股

序号	股票代码	股票名称	数量（股）	公允价值（元）	占基金资产净值比例（%）
1	300285	国瓷材料	2 535 864	57 944 492.40	6.79
2	002271	东方雨虹	1 756 900	46 224 039.00	5.42

续表

序号	股票代码	股票名称	数量（股）	公允价值（元）	占基金资产净值比例(%)
3	002142	宁波银行	1 537 968	43 293 799.20	5.07
4	600031	三一重工	2 525 053	43 052 153.65	5.05
5	600519	贵州茅台	35 700	42 233 100.00	4.95
6	603501	韦尔股份	266 384	38 199 465.60	4.48
7	601318	中国平安	347 900	29 731 534.00	3.48
8	002555	三七互娱	1 098 500	29 582 605.00	3.47
9	002001	新和成	1 111 700	25 858 142.00	3.03
10	600309	万华化学	434 866	24 426 423.22	2.86

资料来源：富国基金网（截至 2019 年 12 月 31 日）。

从富国高端制造行业股票基金的十大持仓股的分布来看，科技行业股票属于该基金的核心持股领域。同时，宁波银行、中国平安等金融股也占了较大份额。观察整体持仓情况可以发现，纯正的高端制造行业股票并不多，这可能也是该基金收益较佳的原因所在。

3. 基金收益情况

下面来看富国高端制造行业股票基金收益与沪深 300 指数的走势对比情况，如图 6–11 所示。

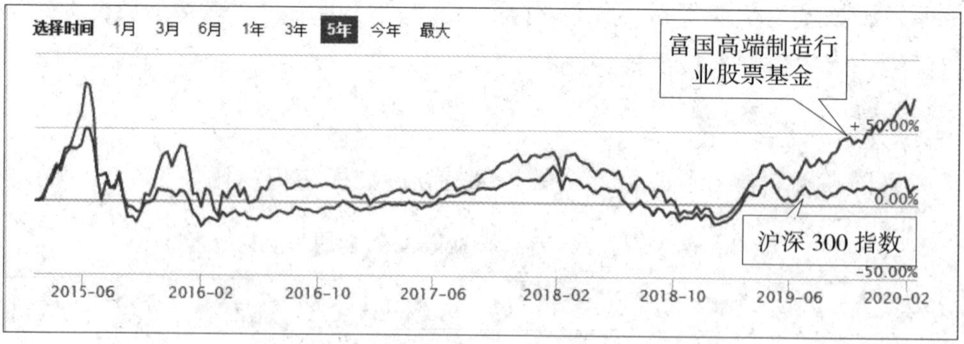

图 6–11　富国高端制造行业股票基金与沪深 300 指数走势对比（来源：天天基金网）

2019 年之前，富国高端制造行业股票基金的收益率波动形态与沪深 300 指数比较吻合。2019 年以后，富国高端制造行业股票基金的收益涨幅开始与沪深 300 指数拉开差距，且差距越来越大。当然，通过对该基金持仓的分析可以看出，该基金持仓的股票中科技股占的比重较大，加上贵州茅台和优质金融股，这都促使了该基金净值的收益提升。

第七章

其他类型股票型基金

除了前面介绍的按照各种分类方法划分的股票型基金外，市场上还有一些比较特殊的股票型基金，本章将向读者做简单介绍。

第一节　QDII 股票型基金

QDII（合格境内机构投资者）基金是在一国境内设立、经相关部门批准、专门用于投资境外资本市场证券投资的基金。由于境内投资者无法直接投资于境外的一些证券市场，因而，这些 QDII 基金就是大家投资于境外资本市场的最佳途径。

一、QDII 基金的设立与特点

2006 年 9 月，第一只 QDII 外币基金——华安国际配置基金问世，从此以后，境内投资者可以通过基金公司投资于全球市场。不过，华安基金的结算仍以美元为单位，最低认购额度为 5 000 美元，这仍不是普通投资者能够参与的基金品种。其后，南方全球精选配置基金成立，该基金以人民币为结算单位，认购额度最低为 1 000 元。从此以后，普通投资者才算真正可以参与全球资本市场了。当 A 股市场不景气时，QDII 基金为投资者提供了其他投资渠道。

1. QDII 基金的优点

QDII 基金具有如下几个典型优点。

第一，放眼全球。QDII 基金的投资范围从境内转向了境外，不仅限于股票，还包括黄金、石油和大宗商品等，这在很大程度上能够分散风险。

第二，QDII 基金可以根据自身实际情况设置股票仓位，即最高可以全仓购入股票资产，这在很大程度上可以提升投资的盈利能力。当然，如股市不振，也可能使亏损幅度更大。任何时候收益和风险都是同在的。

第三，投资门槛较低。最低申购金额为 1 000 元，这为普通投资者打开了一扇投资全球资本市场的大门。

2. QDII 基金的缺点

尽管 QDII 基金具有诸多优点，但其缺点也是十分突出的，具体包括如下几项。

第一，相比境外的基金管理人员，境内的基金管理人员缺乏在境外市场选股的经验，因而很可能选择的股票收益不高。

第二，汇率风险是 QDII 基金最大的风险。因人民币对美元的汇率升降问题，可能导致投资收益大幅缩水，毕竟投资境外股票的收益最终要兑换回人民币。

第三，交易成本相对较高。相对于其他基金品种，QDII 基金的各项费用都比较高，比如申购费、管理费、托管费，毕竟涉及的环节比较多。例如，同属南方基金旗下的基金品种，先来看一下南方中证全指证券 ETF 联接基金的费率情况，如图 7–1 所示。

基金全称	南方中证全指证券公司交易型开放式指数证券投资基金联接基金	基金简称	南方中证全指证券ETF联接C
基金代码	004070（前端）	基金类型	联接基金
发行日期	2017年01月26日	成立日期/规模	2017年03月08日 / 3.225亿份
资产规模	14.04亿元（截止至：2019年12月31日）	份额规模	13.5892亿份（截止至：2019年12月31日）
基金管理人	南方基金	基金托管人	中国银行
基金经理人	孙伟	成立来分红	每份累计0.00元（0次）
管理费率	0.50%（每年）	托管费率	0.10%（每年）
销售服务费率	0.40%（每年）	最高认购费率	0.00%（前端）
最高申购费率	0.00%（前端）	最高赎回费率	1.50%（前端）
业绩比较基准	中证全指证券公司指数收益率×95%+银行人民币活期存款利率(税后)×5%	跟踪标的	中证全指证券公司指数

图 7–1　南方中证全指证券 ETF 联接基金的费率情况

从图 7–1 中可以看出，该基金的申购不收取任何费用，管理费为每年

0.5%，服务费为每年 0.4%，托管费每年 0.1%（通常情况下，指数型基金的管理费用要低于股票型基金和 QDII 基金，毕竟后面两种基金需要基金经理付出更多的精力）。

下面再来看一下南方全球精选配置基金的费率情况，如图 7–2 所示。

基金全称	南方全球精选配置证券投资基金	基金简称	南方全球精选配置
基金代码	202801（前端）	基金类型	QDII
发行日期	2007年09月12日	成立日期/规模	2007年09月19日 / 299.982亿份
资产规模	37.49亿元（截止至：2019年12月31日）	份额规模	35.2499亿份（截止至：2019年12月31日）
基金管理人	南方基金	基金托管人	工商银行
基金经理人	黄亮	成立来分红	每份累计0.01元（1次）
管理费率	1.85%（每年）	托管费率	0.30%（每年）
销售服务费率	---（每年）	最高认购费率	1.50%（前端）
最高申购费率	~~1.60%（前端）~~ 天天基金优惠费率：0.16%（前端）	最高赎回费率	1.50%（前端）
业绩比较基准	60%×MSCI世界指数＋40%×MSCI新兴市场指数	跟踪标的	该基金无跟踪标的

图 7–2　南方全球精选配置基金的费率情况

从图 7–2 中可以看出，该基金的管理费率为每年 1.85%，托管费每年为 0.3%，申购费为 1.6%。对比图 7–1 和图 7–2 可以发现，QDII 基金的申购费用、管理费用和托管费都比较高。

二、QDII 股票型基金的筛选

目前，市场上 QDII 基金品种非常多，且大多数为指数型 QDII 基金。指数型 QDII 基金是指那些跟随海外市场指数而进行相应投资操作的基金。这部分基金将会在《零基础学指数型基金从入门到精通》一书中详细介绍，这里简单地将市场上部分股票型 QDII 基金进行梳理，如表 7–1 所示。

表 7–1　QDII 股票型基金列表（部分）

基金名称	所属公司	1 年内涨幅	2 年内涨幅	3 年内涨幅	现任基金经理
汇添富全球互联混合	汇添富基金	37.42%	38.68%	97.6%	杨瑨
国富大中华精选混合	国海富兰克林	39.39%	30.35%	65.53%	徐成

续表

基金名称	所属公司	1 年内涨幅	2 年内涨幅	3 年内涨幅	现任基金经理
嘉实全球互联网股票人民币	嘉实基金	32.18%	24.16%	64.43%	张丹华
工银全球股票	工银瑞信基金	26.76%	32.31%	63.58%	游凛峰
华夏移动互联混合人民币	华夏基金	55.07%	52.3%	62.04%	刘平
工银全球精选股票	工银瑞信基金	26.11%	38.77%	60.14%	游凛峰
嘉实美国成长股票人民币	嘉实基金	30.4%	40.26%	58.69%	张自力
景顺长城大中华混合	景顺长城基金	24.23%	23.77%	49.27%	周寒颖
富国全球科技互联网	富国基金	27.47%	24.78%	47.24%	张峰
国富亚洲机会股票	国海富兰克林	34.43%	23.17%	46.27%	徐成
交银环球精选混合	交银施罗德基金	20.31%	23.41%	38.62%	陈俊华
广发全球精选股票	广发基金	29.87%	14.3%	37.32%	余昊
上投摩根亚太优势混合	上投摩根基金	16.11%	9.77%	33.69%	张军

资料来源：天天基金网（截至 2020 年 2 月 17 日）。

QDII 基金数量众多，这里只选取最近 3 年收益较高的基金品种进行对比。通过表 7–1 中的数据，可以发现如下一些问题。

第一，从整体上来看，QDII 基金最近 3 年的涨幅实际上要弱于单纯投资于 A 股市场的股票型基金。当然，这与 2019 年 A 股市场取得了全球最高涨幅有关。也就是说，在 A 股市场涨幅较高时，QDII 基金的优势并不明显。

第二，从某种意义上来说，全球股市具有一定的联动性，区别只在于涨幅与跌幅的大小。从表 7–1 中的基金收益情况可以看出，最近一年的涨幅普遍较高，而最近两年又全部出现了回落，这与 2018 年全球股市不振有关。

第三，不同基金品种之间收益差距很大，毕竟单纯的股票型基金与指数型基金不同。所有指数型基金存在同涨同跌的问题，且涨跌幅度基本相同，基金经理的工作主要是跟随指数，自己操作的空间不大，但在单纯的股票型基金中，基金经理的操作空间则要大很多。我们在选择 QDII 基金时，不仅要分析该基金投向的市场和投资领域，还要对基金经理有所了解。

三、典型 QDII 基金品种——汇添富全球互联混合基金

汇添富全球互联混合（QDII）基金成立于 2017 年 1 月 25 日，旨在投资于全球移动互联主题相关公司的股票，通过对投资对象的精选和组合管理，在科学严格管理风险的前提下，谋求基金资产的中长期稳健增值。

1. 基金基本情况

汇添富全球互联混合基金的基本情况如表 7–2 所示。

表 7–2　汇添富全球互联混合基金基本情况表

所属基金公司	汇添富基金	创立日期	2017.1.25
基金规模	3.62 亿元（2019.12.31）	基金评级	无
现任基金经理	杨瑨（2020.2.14）	任职开始时间	2017.1.25
基金经理任期回报	97.99%（2020.2.14）	任期沪深 300 指数涨幅	20.78%

从基金的基本情况可以看出，该基金整体规模较小，这与境内投资者对 QDII 基金的了解不多有关。该基金经理在任职的 3 年多时间里，其间沪深 300 指数的涨幅为 20.78%，而本基金的涨幅为 97.99%，说明该基金经理的运作比较有效，同时，也与最近两年互联网企业市值增长较快有关。

2. 基金持仓分布

汇添富全球互联混合基金的十大持仓股票及市值占比如表 7–3 所示。

表 7–3　汇添富全球互联混合基金的十大持仓股

序号	股票代码	股票名称	数量（股）	公允价值（元）	占基金资产净值比例（%）
1	BABA US	阿里巴巴	17 000	25 154 084.34	6.95
2	MSFT US	微软公司	22 100	24 313 242.95	6.72
3	AMZN US	亚马逊公司	1 195	15 404 627.18	4.26
4	00700 HK	腾讯	45 400	15 275 055.54	4.22
5	EDU US	新东方	16 300	13 787 587.28	3.81
6	V US	VISA 公司	7 815	10 244 120.66	2.83
7	FB US	Facebook	6 700	9 593 495.84	2.65
8	TAL US	好未来教育	23 850	8 019 630.23	2.22

续表

序号	股票代码	股票名称	数量（股）	公允价值（元）	占基金资产净值比例（%）
9	002475	立讯精密	208 000	7 592 000.00	2.10
10	3690 HK	美团点评	80 000	7 302 398.56	2.02

资料来源：汇添富基金网（截至 2019 年 12 月 31 日）。

从汇添富全球互联混合基金的十大持仓股的分布来看，其股票分布在纳斯达克、A 股、H 股等市场，其中以在纳斯达克上市的股票为主。在十大重仓股中，有很多大家熟知的大型互联网企业，如阿里巴巴、微软、亚马逊、腾讯。可以这样说，这几家公司的股价走势在某种程度上可以反映出整个互联网市场的走势。对于普通投资者来说，直接购买境外股票目前很难实现，通过购买 QDII 基金的方式间接购买阿里巴巴、亚马逊等公司的股票，则是一个不错的选择。

3. 基金收益情况

下面来看汇添富全球互联混合基金的收益与沪深 300 指数的走势对比情况，如图 7–3 所示。

图 7–3 汇添富全球互联混合基金与沪深 300 指数走势对比（来源：天天基金网）

2019 年以前，汇添富全球互联混合基金的收益波动形态与沪深 300 指数比较吻合，说明 A 股市场与境外市场的联系已经非常密切。不过，从长期来说，该基金的收益走势与沪深 300 指数还是形成了较大落差，即使 2019 年 A 股市场涨幅较大，也没有拉近与该基金涨幅的差距，说明最近几年互联网企业仍处于强势上升态势，这与我们所感知的情况比较相似，即阿里巴巴、亚马逊、腾讯、微软等互联网巨头的垄断地位越来越稳固，其业务范围也不断向外延伸。

第二节 封闭式基金

封闭式基金是与开放式基金相对的概念，是一种基金规模在发行前已经确定，在发行完毕后和规定的期限内，基金规模固定不变的基金品种。

通常情况下，封闭式基金一经成立就会立即转入封闭期，在封闭期间基金规模不变，投资者不能直接向基金公司申购和赎回。基金公司可以在封闭期内按照预先核准的投资范围进行投资运作，这就避免了投资者频繁申购与赎回操作造成的对基金公司投资运作的影响。

一、封闭式基金的类型

由于单纯的封闭式基金难以满足投资者的投资需求，特别是股市的震荡使得很多投资者想要赎回基金时而无法赎回，因而越来越多的投资者开始抛弃封闭式基金。目前，市场上单纯的封闭式基金已经很少。

1. 定开型封闭式基金

尽管传统的封闭式基金已经风光不再，但其变形品种仍然活跃于市场中，如定期开放型封闭式基金。定期开放型封闭式基金，是一种结合了封闭式基金和开放式基金特点的封闭式基金形式，是指每隔一段时间定期开放申购、赎回的封闭式基金。也就是说，大部分时间内，该基金都是封闭式运作，每隔一段时间，基金将会开放数个交易日，用于投资者的申赎操作，开放期结束后，基金重新转入封闭。目前，市场上的定期开放型封闭式基金主要包括3类。

第一，一年期定开封闭式基金。该类基金每隔一年定期开放若干个交易日开放申购和赎回，之后重新进入封闭期。目前，大多数一年期定开封闭式基金为债券类基金，股票型基金品种相对较少，如南方瑞祥一年混合A。

第二，两年期定开封闭式基金。该类基金每隔两年定期开放若干交易日后重新进入封闭期。进入2019年之后，两年期定开封闭式基金中，股票型基金的数量增加了很多。

第三，三年期定开封闭式基金。与一年期和两年期相似，三年期定开封闭式基金是将封闭的周期扩展至三年，即每隔三年开放申购与赎回一段时间。

第四，五年期定开封闭式基金。这是目前市场上间隔时间最长的定开型封闭式基金，当然，这类基金目前数量也很少。让投资者等待5年后再进行申购或赎回操作，并不是很容易的事，况且投资者对基金经理并不是很熟悉，对基金公司和基金经理也缺乏这么强的信心。

2. 阶段封闭式基金

通常情况下，一只基金成立后会有一段时间的封闭期，基金经理会在封闭期内进行投资规划和布局，这一封闭期一般不会超过3个月。

不过，也有一些基金公司出于运作的需要，会将封闭期延长，比如，2018年发行的战略配售基金（俗称独角兽基金）的封闭期达到了3年。这类基金成立后，会有为期3年的封闭期，其后，这类基金会转为开放式基金。基金3年的封闭期内，投资者不能进行赎回操作，但每隔半年会有一次申购机会。基金封闭3年之后，投资者可自由进行申购或赎回操作。

二、封闭式基金的交易

封闭式基金本质上属于一种信托基金，其基金规模是需要预先核准的，规模一旦确定，将不会发生改变。当然，这并不是说投资者买入封闭式基金后，一定要等到规定的时间才能交易变现，只是投资者不能向基金公司申请赎回这些基金份额，投资者若需将基金赎回，可考虑通过二级交易市场卖出，即投资者只要有股票账户，就可以像交易股票一样交易基金。

1. 封闭式基金交易费用

相比股票型开放式基金，封闭式基金正常的申购与赎回费用较低（从基金公司申购或赎回），具体对照标准如表 7–4 所示。

表 7–4　封闭式基金与股票型开放式基金费用对比

项目	封闭式基金	股票型开放式基金
申购费用	0.5%	1.5%
赎回费用	0.5%	0.5%

从表 7–4 中可以看出，封闭式基金的申购费用要明显低于股票型开放式基金。其实，这也是鼓励投资者购买的一种策略，毕竟，封闭式基金的赎回较为麻烦。

2. 封闭式基金折价率与溢价率

投资者在二级市场上交易基金，其价格必然会受到基金净值、市场环境、参与交易者对基金价值判断的影响，因而，交易封闭式基金必然会涉及一个折价率和溢价率的问题。

这就如同拿着一张 3 年期的国债，若想在第一年就将投放到国债中的资金变现，那么由于时间未到，持有者可以选择将国债转手他人，这时就不可能再按照 3 年期的利率计算当前的国债价值，而是需要接受一定的折价，也就是以相对便宜一点的价格卖出，这就是所谓的折价。折价的具体百分比，就是折价率。如果卖出国债的时机非常好，大家都抢着购买，这时候持有者就可以稍微提高一点价格（比国债当时的净值高的价格）来卖出手中的国债，这就产生了溢价。具体的溢价百分比，也就是所谓的溢价率。

折价率的计算公式如下：

折价率 =（基金份额净值 – 单位市价）/ 基金份额净值 ×100%

大家需要清楚，封闭式基金的交易行为是在二级市场展开的，基金的价格并不是完全由基金的净值决定，即单位市价除了受净值影响外，还受供求关系的影响：买入的投资者多于卖出者，基金市价就会上扬；反之，则会走低。总之，基金的市价会围绕基金份额的净值产生波动。

当基金的份额净值高于市价时，说明市场上很多持有基金份额的投资者愿意以较低的价格卖出基金兑现，那么，它的折价率就会是一个正值。例如，基金的份额净值为 1 元，而单位市价为 0.8 元，那么，折价率计算如下：

折价率 =（1–0.8）/1 × 100%=20%

有时，由于市场上很多持币投资者愿意以相对较高的价格买入基金，这就会促使基金市价走高，甚至高于基金的份额净值，那么，它的折价率就变成了溢价率，也就是说，市场上的投资者愿意溢价买入基金。其计算公式如下：

溢价率 =（单位市价 – 基金份额净值）/ 基金份额净值 × 100%

例如，基金的份额净值为 1 元，而单位市价为 1.3 元，那么，溢价率计算如下：

溢价率 =（1.3–1）/1 × 100%=30%

关于折价率与溢价率，投资者也可以这样理解：折价率与溢价率是一种相反数的关系。例如，前面介绍的基金份额净值为 1 元，市价为 1.3 元，则该基金的溢价率为 30%，若计算其折价率，则其数值就是 –30%。

三、典型封闭式基金品种——南方瑞合定开混合基金

下面以南方瑞合定开混合基金为例进行介绍。截至 2020 年 2 月 18 日，南方瑞合定开混合基金的单位净值为 1.2373 元。该基金旨在严格控制风险的前提下，追求超越业绩比较基准的投资回报，力争实现基金资产的长期稳健增值。

1. 基金基本情况

南方瑞合定开混合基金的基本情况如表 7–5 所示。

表 7–5　南方瑞合定开混合基金基本情况表

所属基金公司	南方基金	创立日期	2018.9.6
基金规模	15.96 亿元（2019.12.31）	封闭周期	3 年
现任基金经理	史博（2020.2.17）	任职开始时间	2018.9.6
基金经理任期回报	35.75%（2020.2.14）	任期沪深 300 指数涨幅	24.35%

从基金的基本情况可以看出，该基金整体规模适中。同时，由于该基金为股票和债券混合基金，股票仓位在 67% 左右，因而，该基金在一年多的时间里取得了 35.75% 的业绩，比沪深 300 指数的涨幅还要高（毕竟沪深 300 指数刚刚经历了一波小牛市），属于非常不错的水平。

2. 基金持仓分布

南方瑞合定开混合基金的十大持仓股票及市值占比如表 7–6 所示。

表 7–6　南方瑞合定开混合基金的十大持仓股

序号	股票代码	股票名称	数量（股）	公允价值（元）	占基金资产净值比例（%）
1	002174	游族网络	4 095 000	95 290 650.00	5.97
2	000063	中兴通讯	2 421 400	85 693 346.00	5.37
3	300552	万集科技	949 655	80 150 882.00	5.02
4	603589	口子窖	1 332 000	73 140 120.00	4.58
5	300463	迈克生物	2 690 087	72 551 646.39	4.54
6	300088	长信科技	6 799 986	69 835 856.22	4.37
7	300709	精研科技	692 800	67 651 920.00	4.24
8	300571	平治信息	1 110 772	60 959 167.36	3.82
9	000988	华工科技	2 291 300	46 490 477.00	2.91
10	002555	三七互娱	1 635 912	44 055 110.16	2.76

资料来源：南方基金网（截至 2019 年 12 月 31 日）。

从南方瑞合定开混合基金的十大持仓股的分布来看，其股票持仓中仍以科技股为主，这也是该基金最近收益较高的原因。当然，相比其他偏向于科技股的基金，该基金因其持仓中有 1/3 左右的债券（见表 7–7），使得整体收益偏低，但也保证了该基金在股市下跌时跌幅小于其他基金。

表 7–7　南方瑞合定开混合基金五大持仓债券

序号	债券代码	债券名称	数量（张）	公允价值（元）	占基金资产净值比例（%）
1	112734	18 招路 01	1 000 000	101 720 000.00	6.37

续表

序号	债券代码	债券名称	数量（张）	公允价值（元）	占基金资产净值比例（%）
2	143607	18 国君 G2	1 000 000	101 560 000.00	6.36
3	112273	15 金街 01	670 000	68 433 800.00	4.29
4	143764	18 电投 05	500 000	50 825 000.00	3.18
5	101801326	18 万科 MTN002	500 000	50 670 000.00	3.17

3. 基金净值与市场价格

南方瑞合定开混合基金为 3 年定开型基金，在封闭期内，基金公司每天会公布最新一期的基金净值。同时，一些基金网站也会给出基金净值，图 7–4 所示为 2020 年 2 月 19 日的估值走势。

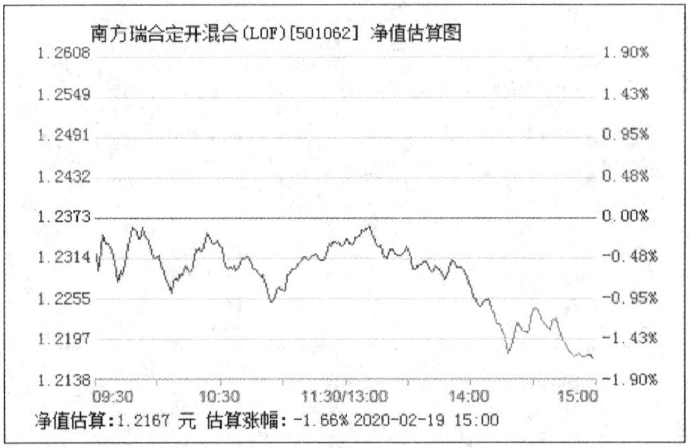

图 7–4　南方瑞合定开混合基金的盘中估值图（资料来源：天天基金网）

从图 7–4 中可以看出，南方瑞合定开混合基金的净值走势一直处于震荡下跌中，这与当天股票市场的走势密切相关。由于该基金每 3 年开放一次申购与赎回，因而，投资者需要将手中的基金变现时，可以通过二级市场进行交易。也就是说，与基金网站给出的净值估值走势相似，股票交易软件中也会给出该基金实时的交易价格，如图 7–5 所示。

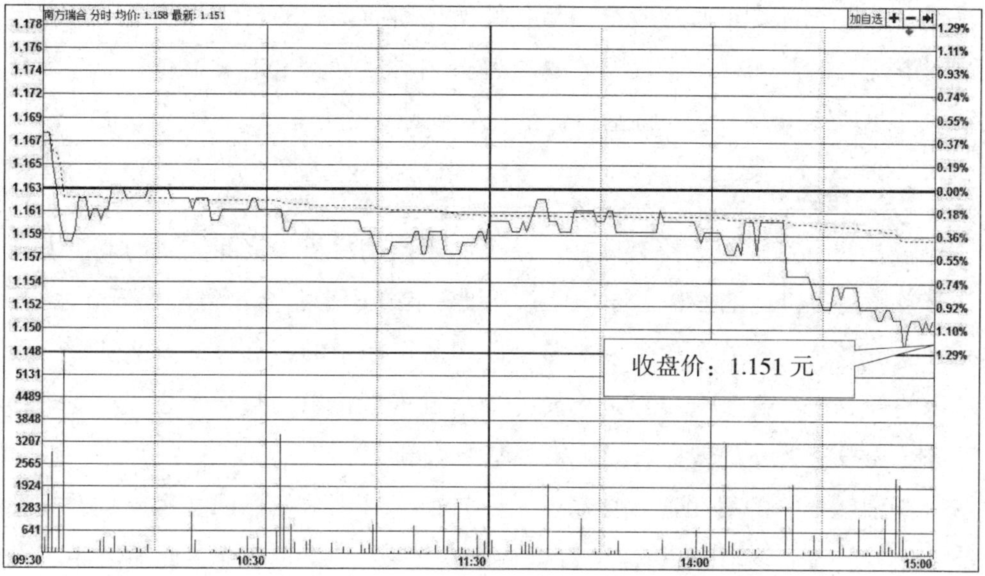

图 7–5　南方瑞合（501062）分时走势图（2020.2.19）

通过图 7–4 和图 7–5 对比可以看出，两者的分时走势形态比较接近，这与股市走势相关。不过，从两者的净值对比可以看出，2020 年 2 月 19 日，在二级市场上，南方瑞合定开混合基金的市场价格收于 1.151 元，而该基金净值的盘中估值为 1.2167 元。两者之间存在一定的差距，这个差距就是由封闭式基金的折价率产生的。

第三节　LOF 基金

LOF 基金（上市型开放式基金）是一种吸收了封闭式基金和开放式基金的优点而设计的一种基金品类。该基金认购结束后，投资者既可以从常规的基金销售渠道申购和赎回该基金产品，也可以通过网上证券交易系统买卖该基金份额。当然，若投资者不是在证券公司或证券交易系统内申购的该基金，那么，要想通过网上交易系统交易该基金产品，还需要办理转托管手续。也就是说，投资者要想通过股票交易软件卖出前面认购的封闭式基金（只有能够上市交易的封闭式基金才行，这类基金名称后面都会有“LOF”），就必须通过办理转托管手续，将基金份额托管到证券公司。

一、基金的转托管

转托管指基金份额持有人在本基金的不同销售机构之间实施的变更所持基金份额销售机构的操作。转托管需要投资者在两个基金销售机构开立账户，而且投资者转出的基金单位须为基金账户的可用余额，且每次只能选择一只基金的部分或全部基金单位进行转托管。投资者转出的基金单位一经受理即被冻结，投资者办理转托管时须填写基金份额。

基金转托管的费用通常会高于基金转换，其中包括赎回费和申购补差费等。比如，投资者在 A 基金销售机构申购了某种 LOF 基金，此后，为了便于上市交易，可将这部分 LOF 基金从 A 销售机构中转出，将其转入 B 证券公司。

办理基金转托管至少包括如下几个步骤。

第一，投资者需要有一个股票账户。若没有股票账户，可以选择一家证券公司办理开户。

第二，投资者可通过电话或营业网点咨询的方式，申请将托管于该机构的基金转托管至证券公司。

当然，有一些基金销售机构无法将基金转出，即无法完成转托管操作。比如，大家经常使用的支付宝、腾讯理财通以及京东理财等，通过这些渠道申购的基金，都无法办理转托管。投资者在申购基金前，若有上市交易的想法，最好通过证券公司申购基金，以免在转托管时出现麻烦。

二、LOF 基金的基本特征

LOF 基金非常容易识别。一般情况下，在正常的基金名称之后会有一个括号，里面注明“LOF”，如兴全趋势投资混合（LOF）基金。通过该基金的名称就可以知道这是一只混合型基金，同时也是 LOF 基金。

LOF 基金具有如下几个典型特点。

第一，LOF 基金不仅有单位净值，还有交易价格。

LOF 基金不仅有单位净值，而且在二级市场上还会有一个交易价格。例如前面所说的兴全趋势投资混合（LOF）基金，2019 年 3 月 18 日该基金的单位净值为 0.7586 元，而该基金在二级市场的收盘价为 0.754 元。尽管二级市场的交易价格会随着供求关系影响而上下浮动，但整体上仍会围绕净值波动，毕竟一旦市价偏离净值太多，就会有套利盘涌入，从而消除价差。关于这一点，投资者可参考之前介绍的南方瑞合定开混合基金的盘中估值和市场交易价格之间的关系。

第二，相比 ETF 基金，LOF 基金套利更加简单、容易。

申购 LOF 基金只需提供相应的现金即可，无须像 ETF 基金一样提供一篮子的股票，而且投资者直接在证券公司开户交易基金，可实现快速、安全的套利。当然，投资者在套利时还需考虑交易成本的问题，基金净值是以当日收盘价计算的，并不是盘中的预估净值，这些因素都是投资者进行套利前必须考虑清楚的。

三、LOF 基金的套利技巧

LOF 基金套利的方法大致分为两种：其一，手中没有基金的套利方法；其二，手中有基金的套利方法。

1. 手中没有基金的套利方法

投资者若发现 LOF 基金的市场价格明显高出基金的净值，手中又没有基金，则需要采用先申购基金再卖出的套利方法。其具体程序如下。

第一，利用证券交易系统，场内申购相应的 LOF 基金。尽管场内申购费用较高，但毕竟省去了转托管的麻烦。由于 LOF 基金的最新净值要在下午 3 点收盘之后得出，因而，投资者在下午 3 点之前的申购，都会以当日收盘价为准。换句话说，投资者在进行基金套利时，需要预估当日基金的净值和交易价格是否具有套利操作的盈利空间。

第二，预估好时间差，打好提前量。

LOF 基金的申购需要在 T 日下午 3 点之前，T+1 日基金份额能够到账，T+2 日方可执行卖出操作。投资者需要了解在申购基金到基金到账过程中，基金市场价格可能会出现何种波动。如果基金报价朝着不利于自己的方向发展，自己的套利计划则无法顺利实施。

当然，投资者若执行反向操作，也是同样的情况，即先从二级市场买入基金份额，再申请赎回基金。

总之，对于手中没有基金的投资者来说，实施 LOF 基金套利的风险相对比较高，毕竟谁也无法准确预测和评估基金的价格或净值。

2. 手中有基金的套利方法

手中持有 LOF 基金的投资者进行套利相对更为简单一些，可以按照以下步骤实施。

第一，投资者发现基金市场价格高于基金净值，出现了套利交易的空间，可立即将手中的基金份额在二级市场卖出，换取现金。

第二，投资者拿到现金后，重新申购原持有份额的基金。这样，投资者手中的基金份额没有改变，但在一个交易日内完成了一次基金套利操作。

相对于手中没有基金的投资者而言，手中有基金的操作更为简单，风险也更低。

四、QDII–LOF 基金的交易

在 LOF 基金中，QDII 基金是一种比较特殊的品种。由于 QDII 基金中持仓的品种多数为境外市场的股票，且有可能从属于不同的股票交易市场，因而其交易比较麻烦。

1.T+0 交易规则

由于海外证券市场大多执行的是 T+0 交易规则，为了配合这些证券市场的规则，规避交易风险，从 2015 年开始，QDII 基金开始执行 T+0 交易规则。不过，在实际操作中，真正能够执行 T+0 交易的是那些在场内上市的 QDII–

ETF 基金和 QDII–LOF 基金。如果 QDII 基金不能在二级市场交易，则无法进行 T+0 交易。

交银中证海外中国互联网指数（QDII–LOF）（简称“中国互联”）这类在二级市场上市的基金，可以执行 T+0 操作。图 7–6 为该基金在 2019 年 3 月 20 日的分时走势图。

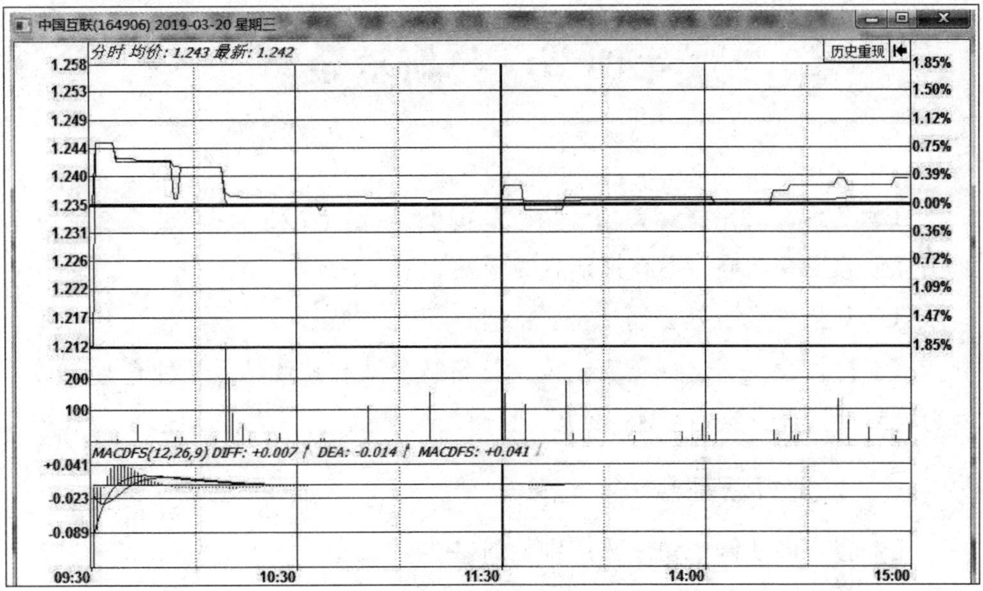

图 7–6　中国互联基金分时走势图

从图 7–6 中可以看出，该基金的成交相对比较冷清，而且价格波动并不平滑，说明投资者缺乏交易该基金的兴趣。其实，这也与国内开市时间与国外股市的交易时间存在时差有关。也就是说，国内股市开盘时，欧美股市大部分已经收盘，投资于在美国上市的中国互联网企业的中国互联基金的净值已经确定，因此该基金的价格波动只在开盘时段比较剧烈，一旦基金价格与净值接近时，价格波动归于平静。

2. 场内与场外的套利

由于存在外汇管制，投资者无法立即将场内基金和场外基金相连接，因此场内基金往往会出现一些溢价情况。有时，这类基金甚至可能出现 10% 以上的溢价，这时，投资者就可以按照 LOF 基金的套利方法，从场外申购该类基金，然后转入场内卖出，从而实现套利操作。

不过，相对于普通的 LOF 基金，QDII 基金的套利面临的风险更大，因为外汇汇率波动风险与时间差的存在，都可能抵消或抹平基金的套利空间。

第四节　打新基金

打新基金，是指将资金用于申购新股的基金。也就是说，这类基金可以运用资金的规模优势，提高打新股的中签概率。

打新基金其实也是普通的基金品种，只是这类基金会拿出相当大一部分资产用于打新股。从这一点上来说，打新基金又与其他基金品种有所区别，因为股票型基金肯定不可能一下子把所有的股票清仓了去打新股。

一、识别打新基金

投资者可以从两个角度来识别打新基金。

第一，从基金的名称中识别。通常情况下，股票型基金或债券型基金的仓位都有严格限制，这些基金不能从中拿出大量资金用于打新股，因此，一些打新基金的名称上就会与普通基金产品有区别，如灵活配置基金或个别混合基金。如信诚新悦回报灵活配置混合 A 基金，就是一只典型的打新基金。

第二，净值相对稳定的基金。通常情况下，一些非打新基金中的混合型基金，净值波动都比较剧烈，若将大部分资产用于打新，则其净值会保持在相对稳定的范围内。也就是说，打新基金净值应该呈现相对稳定的上升态势，而非剧烈的上涨或下跌态势。

下面来看一下信诚新悦回报灵活配置混合 A 基金的净值走势情况，如图 7–7 所示。

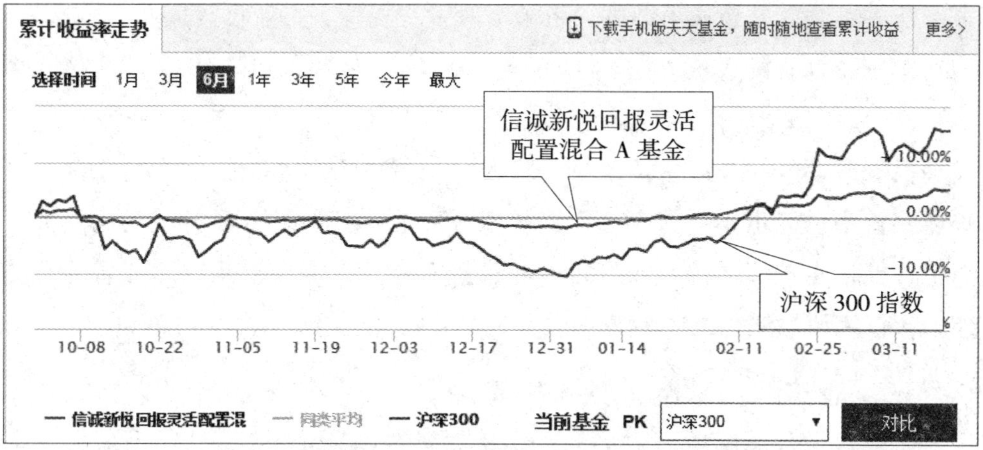

图 7–7 信诚新悦回报灵活配置混合 A 基金与沪深 300 指数走势对比

从图 7–7 中可以看出，沪深 300 指数的走势震荡幅度比较大，而信诚新悦回报灵活配置混合 A 基金的走势相对比较平稳，这就是打新基金的一个显著特点。当然，这类基金在牛市的回报可能也会低于普通的股票型基金。

二、挑选打新基金

市场上的打新基金很多，收益率的差别也很大。投资者在挑选打新基金时，应考量以下几个维度。

第一，基金的整体规模。

打新基金的规模并不是越大越好。基金规模过大，打新的收益就容易被稀释，当然，规模过小也不行。深交所和上交所对基金底仓的规模有要求，至少要有 5 000 万元以上的规模才相对安全一些。投资者在选择打新基金时，应以 10 亿元左右规模的基金为佳，超过 50 亿元规模的基金，收益可能不会太高。

第二，基金的历史业绩。

从打新基金的历史业绩，往往也能够预测未来的业绩情况。通常情况下，一只基金打中新股的数量较多，且基金规模不是很大的，其业绩就容易上升，反之，则收益较低。投资者在选择基金时，应该挑选那些历史上打新业绩较佳的基金品种。在这里，有一点需要投资者了解清楚，并不是所有的打新基金在任何时候都是稳赚不赔的，由于新股发行提速，打新收益也在逐步走低。

第三，基金的投资方向。

有一些打新基金会在没有新股发行时，投资一些债券产品，也有一些基金会投资股票产品。通常情况下，投资于债券的打新基金收益更为稳定，但整体收益率可能也不会特别高；而投资于股票的打新基金收益波动比较大，但也可能带来较高的收益。投资者在选择基金时，需要根据自身的风险承受能力，仔细研判基金的投资方向。

三、战略配售基金（独角兽基金）

大家知道，很多股票上市发行的数量并不是很大，因此也就不需要这种战略配售基金的支持。一些独角兽企业则不同，它们发行的股票数量较多、市值较大，因而需要有独角兽基金来为市场建立一个缓冲地带。

为了降低这类股票对市场流动性的冲击，沪深市场特别引入了一种战略配售基金，俗称独角兽基金。2018 年 6 月，6 只独角兽基金开始募集，在短短的十几个交易日内，募集资金过千万元，由此可见投资者对该类基金的热衷程度。6 只独角兽基金包括华夏战略配售基金、南方战略配售基金、汇添富战略配售基金、易方达战略配售基金、招商战略配售基金、嘉实战略配售基金，这些战略配售基金与其他打新基金存在一些显著的不同。

第一，封闭期较长。6 只战略配售基金的封闭期长达 3 年之久，这对于很多投资者来说是一个很大的挑战，毕竟 3 年的时间不算短，投资者不能在此期间进行赎回操作。

第二，具有 LOF 基金的属性。6 只战略配售基金尽管在 3 年的封闭期内不能赎回，但这 6 只战略配售基金在发行结束的 6 个月后转为 LOF 基金，即这些基金可以在场内交易。不过，按照一般的情况来看，这些基金很可能在二级市场交易时出现一定的折价。

在 2018 年 6 月独角兽基金发行后，股市出现了大幅下跌走势，独角兽企业开始推迟或延缓上市的步伐，一时间，独角兽基金遇到了无米下锅的窘境。也正因为没有独角兽企业发行新股，这些战略配售基金不得不买入一些债券来充实仓位。2018 年下半年，随着股市的下跌，所有股票型基金的跌幅都非常大，只有这些独角兽基金因为买入了债券而获得了正收益。

到了 2019 年，随着股市的回暖，独角兽企业以及科创板企业陆续上市，独角兽基金也有了用武之地。同时，随着科创板的启动，很多基金公司发行了专门针对科创板股票的打新基金，这些基金在科创板股票上市交易后，基本都取得了不错的涨幅，收益颇丰。

四、科创板打新基金梳理

这里需要特别提一下科创板打新基金。科创板股票本身属于稀缺品，又是注册制的首次尝试，同时，又由于上市交易前 5 天没有涨跌停板的限制，使得这类股票具有了更高的炒作价值。科创板交易有 50 万元的市值门槛，使得很多普通投资者无法直接购买科创板股票，科创板打新基金无疑可以满足这部分投资者的需求。投资者购买科创板打新基金后，由这些基金直接参与科创板的线下配售，这就大大提升了打新的成功率。科创板股票上市后，往往涨幅较大，投资者可以坐收这部分盈利。

截至 2020 年 2 月下旬，科创板打新基金运作时间有半年多，各家科创板打新基金的收益也十分丰厚。表 7–8 为科创板打新基金的收益情况。

表 7–8　科创板打新基金

基金名称	所属公司	成立以来涨幅	现任基金经理
易方达科技创新混合	易方达基金	63.61%	刘武
南方科技创新混合	南方基金	86%	茅炜
华夏科技创新混合	华夏基金	59.24%	张帆
嘉实科技创新混合	嘉实基金	54.76%	王贵重
汇添富科技创新混合	汇添富基金	44.46%	刘江
富国科技创新灵活配置混合	富国基金	47.58%	李元博
工银科技创新 3 年封闭混合	工银瑞信基金	42.97%	袁芳
富国科创主题混合	富国基金	43.46%	李元博
华安科创主题混合	华安基金	4.98%	贺涛

续表

基金名称	所属公司	成立以来涨幅	现任基金经理
万家科创主题3年封闭混合	万家基金	28.51%	李文宾
广发科创主题3年封闭混合	广发基金	45.27%	李巍
鹏华科创主题3年封闭混合	鹏华基金	24.48%	李君

注：截至2020年2月19日。

尽管市场上能够参与科创板打新的基金品种很多，但以科创板打新为核心业务的基金目前主要有12只。截至2020年2月19日，这12只基金的平均盈利为45.44%。超过平均盈利线的基金有5只，未到平均盈利线的有7只。12只基金中，收益最高的是南方科技创新混合基金，其收益为86%，收益最低的是华安科创主题混合基金，其收益仅为4.98%。由此可见，即使同属于科创板主题基金，收益差距还是比较大的。

五、典型科创板打新基金品种——南方科技创新混合基金

南方科技创新混合基金成立于2019年5月6日，旨在有效控制组合风险并保持良好流动性的前提下，通过专业化行业深度研究分析，力争实现基金资产的长期稳定增值。该基金属于典型的科创板打新基金，但同时也可以投资于其他股票证券。

1. 基金基本情况

南方科技创新混合基金的基本情况如表7–9所示。

表7–9　南方科技创新混合基金基本情况表

所属基金公司	南方基金	创立日期	2019.5.6
基金规模	10.08亿元（2019.12.31）	基金评级	无
现任基金经理	茅炜（2020.2.19）	任职开始时间	2019.5.6
基金经理任期回报	86%（2020.2.19）	任期沪深300指数涨幅	9.95%

从基金的基本情况可以看出，该基金整体规模较小，这与科创板打新基金整体规划有关。基金规模小，反而能保证投资者的利益最大化。毕竟打新

基金每次能够获得的新股配售额度有限，当基金规模过大时，打新收益就会被拉低。

在该基金经理任职的半年多时间里，沪深 300 指数的涨幅为 9.95%，而本基金的涨幅为 86%，说明该基金经理的运作比较有效。该基金的收益远远高于同类科创板打新基金的收益，投资者可仔细研究一下该基金的持仓情况。

2. 基金持仓分布

该基金的十大持仓股票及市值占比如表 7–10 所示。

表 7–10　南方科技创新混合基金的十大持仓股

序号	股票代码	股票名称	数量（股）	公允价值（元）	占基金资产净值比例（%）
1	600745	闻泰科技	916 929	84 815 932.50	8.25
2	002475	立讯精密	1 412 835	51 568 477.50	5.01
3	300088	长信科技	4 966 127	51 002 124.29	4.96
4	300571	平治信息	904 415	49 634 295.20	4.83
5	300136	信维通信	1 089 473	49 440 284.74	4.81
6	601138	工业富联	2 644 086	48 307 451.22	4.70
7	002555	三七互娱	1 643 926	44 270 927.18	4.30
8	002174	游族网络	1 899 325	44 197 292.75	4.30
9	603986	兆易创新	188 930	38 709 867.70	3.76
10	300014	亿纬锂能	715 883	35 908 691.28	3.49

资料来源：南方基金网（截至 2019 年 12 月 31 日）。

从南方科技创新混合基金的十大持仓股的分布来看，其股票尽管是以科技股为主体，但其中没有一只科创板股票。这说明尽管这些科创板打新基金是专门投资科创板新股的，但由于科创板股票配售量很少，基金的主要收益还是来源于其他股票的投资收益。换句话说，基金收益的高低与基金投资股票的标的有着密切的关系，而真正的打新命中了多少科创板股票，并不是非常重要的，因为这部分科创板股票所占仓位较小。

换句话说，即使投资者想要选择这类科创板打新基金，也要考虑基金经理、基金规模等因素。

第八章

股票型基金投资解析

前面对股票型基金的类型以及基金品种的选择、基金交易技巧等进行了简单的介绍。本章重点对基金投资过程中常见的问题进行一下梳理，以便于投资者更好地进行股票型基金的投资。

第一节　股票型基金选择技巧

尽管前面讲述了若干种股票型基金的选择方法，但投资者在投资过程中还可能会存在以下疑问。

一、新基金与原有明星基金

在基金市场，特别是股票型基金市场上，有这样一个现象：某基金公司拥有一款收益较高的明星基金，场外的投资者纷纷入场买入该基金。该基金规模变大后，就可能开始封闭，不再开放申购与赎回（或者只接受赎回，不接受申购）。此后，该基金公司会推出一款由该基金经理操盘的新基金。那么，作为普通投资者应该选择原有的明星基金还是新基金呢？有些投资者特别喜欢这些新发的基金，原因很简单：其一，明星基金经理坐镇，收益有保障；其二，新发基金的净值都为1元，比原有的明星基金便宜很多。

关于这个问题，需要清楚以下几点。

首先，基金公司需要明星基金产品和明星基金经理。明星基金产品和基金经理对市场拥有较高的号召力，能够吸引投资者将资金投入到基金公司的旗下。只有这样，基金公司才能获得收入和利润。

其次，基金公司会保护明星基金产品和基金经理。市场总是处于震荡之中，基金公司和明星基金经理也无法保证自己能够准确地预判行情，因此，基金公司很可能会通过其他相关基金来抬升明星基金产品的收益。比如，明星基金产品建仓某一股票后，基金公司可以通过其他基金也购买该明星基金产品持仓的股票来抬升股票价格，进而提升明星基金产品的收益。换句话说，市场上的一些明星基金经理和基金产品也是通过运作而形成的。

再次，若某一明星基金产品的基金规模扩张过快，基金公司很难再通过其他基金来抬升该明星基金产品的收益，或者抬升该明星基金产品的收益需要付出更大的代价。同时，由于明星基金收益较高，净值较高，一些投资者对其望而却步，这都不利于基金公司整体资产规模的进一步扩大。

总之，基金公司从企业利益的角度考虑，希望借助明星基金经理的光环吸引投资者，将资金投向新成立的基金。这个新成立的基金未来收益如何，其实是很难说的，但其肯定不会获得像之前的明星基金那样的呵护。其实，不只是明星基金与新发基金存在这样的问题，很多基金公司都存在借助新发基金帮助原有业绩优良的基金抬升业绩的情况。这并不是说所有的新发基金都不值得去认购和申购，而是希望投资者能够理性地看待明星基金与新发基金的关系，不要对新发基金抱有过高的期望。

二、系统自动推荐基金

投资者借助一些工具比如支付宝、腾讯理财通、京东金融等购买基金产品时，这些软件系统总是会自动推荐一些基金产品。那么，这些基金产品到底值不值得购买？

首先，需要了解这些系统推荐基金的基本逻辑。这些系统推荐的基金，肯定是系统经过一系列分析和计算得出的结果。当然，在所有的数据中，过去一段时间内的涨幅肯定是最重要的。也就是说，大部分系统推荐的基金都是过去一段时间内某一领域净值增长最快的基金。

其次，大家需要了解一个基本原理，即股票型基金的基金净值增长快，肯定是其持仓的股票处于大幅上升行情之中。经常炒股的投资者都清楚，当一只股票上升行情进入尾声时，往往是其股价上涨最快的时候。也就是说，过去一段时间内，净值增长快的基金，很有可能是持仓股票进入上升趋势尾声的基金。这个时候，投资者若买入这些基金，有时很可能会赶上行情转向而站在高岗上。

当然，这并不是说所有推荐的基金未来涨势都不好，而是说存在上涨到顶的可能。也有一部分基金处于上升的中期，未来还有一段上涨的过程，投资者买入这类基金，短期内也会有不错的收益。

总之，投资者在选择基金时，最好能够按照之前我们选择基金产品的步骤，仔细分析基金的投资价值，不能抄近路，切记“天下没有免费的午餐”。

三、纯股票型基金与混合型基金

同属于股票型基金的范畴，还有两类基金总是让投资者感到头疼：一些股票型基金的名称后面带有“混合”字样，而另外一些没有。两者同属于股票型基金，到底有何区别？

1. 偏股型基金的类型

首先来了解一下持有股票的基金类型有哪几种。股票型基金因股票持仓占比的不同，会划分成不同的类型。

第一，纯股票型基金。通常情况下，这类股票基金有持仓量的要求，即80%～85%的持仓底线。也就是说，该类基金股票仓位占比不能低于该水平。

第二，偏股型混合基金。这是一种与纯股票型基金类似的基金。通常情况下，偏股型混合基金股票持仓占比为50%～70%，最高持仓占比可以达到95%。

第三，偏债型混合基金。这类基金的持仓中，债券占比要超过股票占比，股票持仓占比一般为20%～40%。也就是说，该类基金的债券持仓占比可以达到最高95%，而股票持仓占比则不能过高。这类基金相对较少。

第四，股债平衡型基金。该类基金的持仓中，股票与债券基本平衡。很多股债平衡型基金的业绩对照标准为：50%的沪深300指数收益率+45%的中国债券指数收益率+5%的银行同业存款收益率。从该对照标准中也能看出该基金的持仓分布和占比情况。

第五，灵活配置混合基金。该类基金对股票和债券或其他大宗商品持仓的占比没有特定要求，理论上股票和债券的持仓占比可以从0到95%。其中还有一些以“灵活配置混合”冠名的基金为打新基金。

2. 偏股型混合基金与纯股票型基金

在购买基金时，需要重点区分偏股型混合基金和纯股票型基金，两者之间存在一些不同。

第一，纯股票型基金的净值波动更为剧烈。由于纯股票型基金大部分时间仓位较重，因而基金净值会随市场变化出现剧烈波动。牛市时，这类基金会表现得非常好；熊市时，这类基金往往会表现得特别差。

第二，偏股型混合基金的净值变化表现得要平缓一些，即在牛市时，这类基金的净值也会取得较大的涨幅（可能会弱于纯股票型基金）；在熊市时，这类基金的净值也会出现下跌，但跌幅会小于纯股票型基金。

第三，相比于纯股票型基金，混合型基金有一个较为明显的优势，即当股市走牛时，基金经理会加大股票的持仓占比，甚至可能会将仓位调整至与纯股票型基金相同的水平；当股市进入熊市时，混合型基金的基金经理会将股票仓位降低至法定的最低持仓线位置，这在一定程度上能够降低熊市给投资者造成的损失。

总之，从以往的业绩对比上来看，纯股票型基金和混合型基金都有一些表现较好的品种。关键还是要看基金经理的运作。

第二节　股票型基金基本交易技巧

与交易股票相似，交易股票型基金也大致包括建仓、加仓、减仓与赎回等环节。

一、基金入场时机

股票型基金与股票相似，底部入场无疑可以使投资获利最大化，然而，当股市处于下跌趋势时，往往没有最低的低点，只有更低的低点。如果采用追涨入场的交易策略，则比较容易获得盈利，但也可能被套在高位。

其实，这两种入场时机的选择主要与投资者秉持的投资策略有关。投资者可选的投资策略包括基金定投和波段投机两种。基金定投大家都有所了解；波段投机与波动炒股相似，即当股市进入上升趋势时，入场买入股票型基金，当股市触顶回落后，再择机卖出。

1. 基金定投方式

若选择基金定投方式，则无惧股市的低点或高点，因为投资者可通过长期分批定投拉平持仓成本，只要确保所选基金大方向上涨即可。也就是说，只要选择一只不错的基金品种，然后坚持定投，即可获得不错的收益。

股票型基金净值走势几乎与股市大盘走势相吻合，即当股市处于牛市行情，股票型基金净值也会同步快速上升；当股市处于熊市时，股票型基金净值也会同步下跌，如图 8-1 所示。

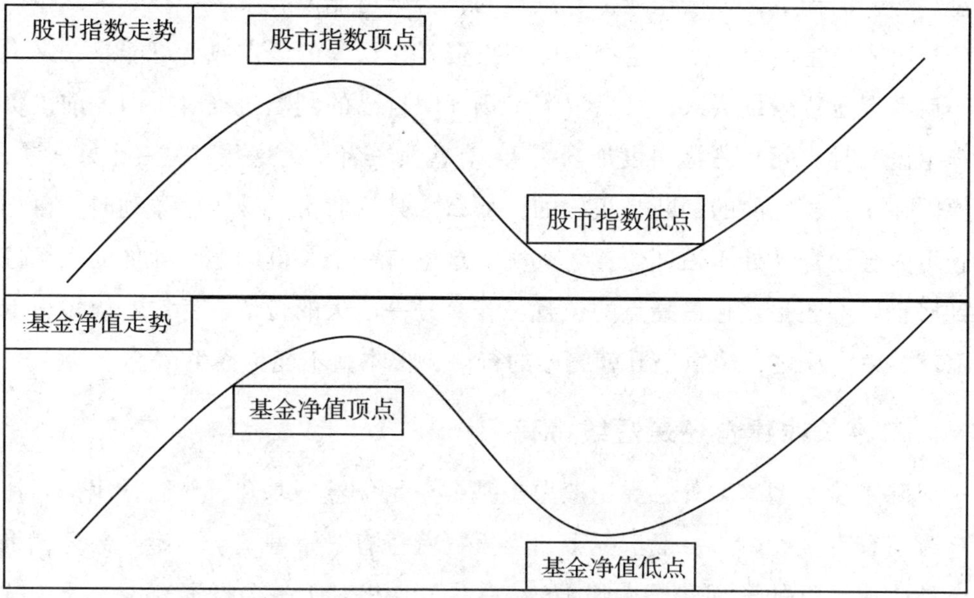

图 8-1 股市与基金走势示意图

通过以上介绍可以发现，股票型基金最佳的加仓时间在股市指数低点附近。当然，对于大多数投资者而言，判断股市是否已经位于底部区域确实比较困难。投资者可在股市下跌较大幅度后开始试探性建仓股票型基金，若股市继续走低，则可考虑继续加仓，直至股市触底反弹。不过，并不是所有股票型基金在低位买入都能盈利，这里还有一个选择基金的问题，投资者可参照前面介绍的内容。

2. 波段投机方式

若选波段投机方式，则是一种风险很大的投资方式。该种投资方式与投资股票相似，但也有所不同。投资者通过投资股票型基金，可以有效地分散投资，降低风险，而且这些基金经理所选的股票可能比自己选的股票更好。当然，相比股票，股票型基金也有一个弊端，即买入或卖出的时差问题。投资者买入或卖出基金不会立即成交，这可能会让投资者错失一些比较明显的投资机会。

波段投机操作有一个非常关键的问题，即入场时机。只有在准确判断大盘趋势的前提下，该操作才是有意义的，否则可能像股票一样被套在高位。分批次入场是一个不错的选择，即当投资者在认为的低点或者可能是未来上升启动点位置少量买入；其后，当市场证明自己的判断正确时（即先前投资产生盈利时），可以考虑再度加仓买入。有些投资者认为这并不是一个好方法，原因在于：若先前的判断是正确的，那么，其后股价上升产生盈利时，再加仓可能会让自己处于顶部位置。其实，这里有一个关键问题，即你的入场位到底是底部还是接近最高点的位置。若真是一段大的行情，肯定不会短暂上涨就结束。反之，短暂上升就终结的行情，根本就不能称为牛市。

二、长线建仓还是短线持有

除了货币型基金外，无论股票型基金还是债券型基金，赎回费用都与持仓时间有直接关系。一般情况下，当投资者持有股票型基金不足 7 天时，将会被收取高额的赎回费（大约 1.5% 左右）。相对于基金投资来说，这个赎回费用还是很高的，很多基金产品一个月的盈利幅度可能还没有 1.5%。因此，投资者在申购基金前，需要确认自己到底能不能长期或者相对长期持有一只基金。如果不能长期持有，还不如购买一些货币型基金，如余额宝、腾讯零钱通、京东小金库。

当然，若投资者可将手中的资金做一个相对较长时间的投资，则可考虑当前的经济形势和股市走势，判断到底应该选择股票型基金还是债券型基金。

三、基金加仓的基本策略

加仓，意味着在原来持有的基金份额基础上进一步申购相同的基金。探讨基金的加仓策略，首先需要确认投资者选择加仓的原因。

促使投资者加大仓位的原因，无外乎这样几点：其一，投资者将投资基金看成一种日常的理财行为，当资金有余量时，便执行买入操作；其二，投资者看到所投资的基金产生了一定的盈利，想要进一步扩大盈利规模而采取继续买入的行为；其三，投资者看到所投资的基金出现了一定亏损后，为了拉低持仓成本、早日实现盈利采取的基金买入行为。

基于以上对加仓原因的分析，下面来探讨一下关于加仓的问题。

第一，保持相同频率的加仓。

若投资者将基金投资看成一种日常的理财习惯，那么，保持相同的加仓频率无疑是一种不错的选择。例如，通过设置基金定投来自我约束，积少成多。当然，定投的频率可以自由掌握，有的投资者可以每月定投一次，有的投资者可以每周定投一次，甚至每日定投一次，等等。

在具体的实战中，即使是基金定投，投资者也应该根据基金品种的不同，选择更合理的定投开启和结束时间。关于这一点，后面章节会详细介绍。

第二，股票型或偏股型基金的净值走势与加仓问题。

由于股票型或偏股型基金的净值走势与股市走势基本吻合，因此，可以根据股市波动情况，绘制一幅大致的股市大盘走势图，如图 8–2 所示。

根据上证指数历年的波动情况，可以发现：近些年来，上证指数处于 3 000 点以下的时间非常有限，投资者若能在 3 000 点以下购入股票型或偏股型基金，则获利的概率极大。也就是说，在 3 000 点下方投资者加仓后获利的概率很大；反之，上证指数在 5 000 点上方停留的时间往往比较短，投资者在 5 000 点上方买入股票型或偏股型基金获利的概率极小。上证指数处于 3 000 点以上 5 000 点以下的区域，投资者买入股票型或偏股型基金，能否盈利则充满了不确定性。

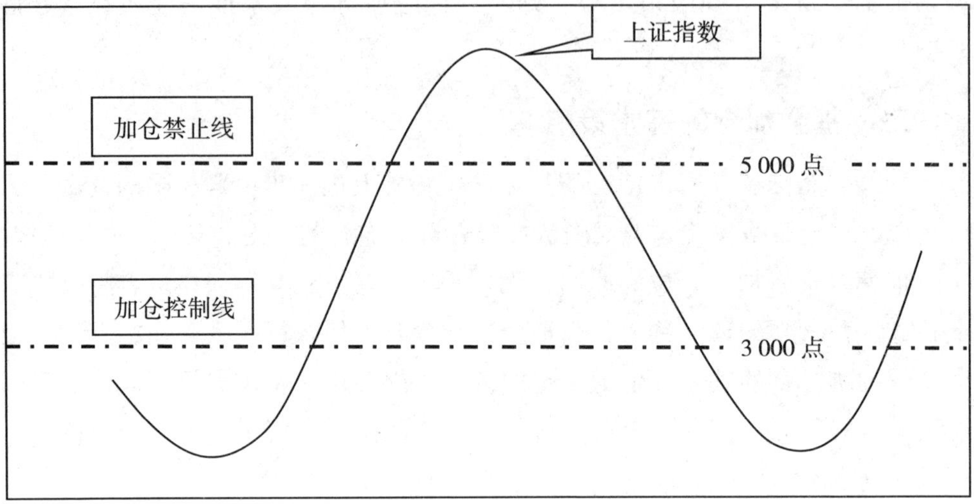

图 8-2　股市大盘与基金加仓示意图

综上所述，出于投资安全的考虑，投资者可将上证指数 3 000 点作为加仓控制线，即在该线以下加仓不受限制；上证指数冲到 3 000 点以上则应限制加仓。上证指数冲到 5 000 点为加仓禁止线，该线以上不宜加仓。

当然，将 3 000 点和 5 000 点分别作为加仓控制线和加仓禁止线并不是绝对的，投资者可根据自身情况，结合股市的波动情况适度修正和调整。

四、主动赎回与被动赎回

按照投资者的个人意愿，可将基金赎回的方式分为两种，即主动赎回和被动赎回。

1. 主动赎回

主动赎回是指投资者按照个人意愿，结合基金净值变化、市场环境做出的有计划的赎回基金的行为。投资者主动赎回基金具有很大的自主性，不受外部因素的影响。主动赎回的情况包括以下三种。

第一，基金业绩不够理想。基金投资与股票不同，很难立刻看到投资成果，因而，投资者考察基金运作效果的时间可以相对长一点儿，至少要一年左右的时间。也就是说，一只基金产品在一年时间内没有取得预期的收益（收益甚至出现较大亏损），投资者可以考虑赎回。

当然，投资者还要结合整个市场环境来分析基金净值变化，若一只基金整体业绩没有实现盈利，但相对于同类基金产品已经属于比较优异的表现了，这也是可以接受的。例如，2018 年，上证指数出现了较大规模的下跌，整个市场上的股票型或偏股型基金的全年净收益均为负值，在该年度内，即使是一些顶尖的绩优品种，净值也出现了亏损。因此，投资者必须全面评估这些基金产品的运营情况，而不是单纯地看基金有无盈利和盈利多少。

第二，基金产品本身出现了一些变化，可能会影响以后的收益。例如，基金公司的股权发生变化，致使高管团队生变、基金经理更替或者核心研发团队离职。此时，激进型投资者可能会选择立即赎回基金，保守型投资者可能会观察一下基金后续的运作情况。若基金运营效果出现下滑，则考虑赎回基金。

第三，市场经济形势发生变化。股市开始进入熊市，投资者出于保护资金安全的考虑，也会赎回基金份额。

2. 被动赎回

被动赎回是指投资者并非出于本人意愿，而是不得不赎回基金的行为。投资者被动赎回基金时往往没有自主性，多受外力影响所致。被动赎回的情况包括以下三种。

第一，个人资金需求导致必须赎回基金。在投资期间，投资者因个人原因突然出现资金需求，导致必须赎回基金，这种情况是被动赎回基金最主要的原因。为了减少这种被动赎回情况的发生，投资者需要提前预留一部分资金以应付突发事件。当然，投资者也可以将这部分备用资金投资于货币基金，毕竟货币基金申赎非常灵活，而且收益一般要高于同期银行存款。

第二，基金规模过小，净值过低，导致被清盘。按照基金管理相关法律法规的规定，当基金规模连续 60 个交易日小于 5 000 万元或持仓人数少于 200 人，基金将被清盘。这种情况通常是因为基金运行业绩不理想，赎回基金的投资者较多引起的。一般情况下，基金清盘需要履行一定的程序，需要一定的时间。投资者为了避免因基金清盘引发被动赎回，需要提前了解基金规模的变动情况，一旦基金规模出现大幅萎缩并接近清盘线，宜提前主动赎回。

五、一次性赎回与分批赎回

除了被动赎回时，投资者需要一次性全部赎回持有的基金份额外，一般情况下，以分批赎回所持有的基金份额为佳。

一次性赎回基金能极大地满足投资者对资金的需求。一次性赎回所持有的基金份额，在降低投资风险的同时，也可能让自己错过一些投资收益。

对于大多数主动赎回基金的投资者而言，分批赎回基金是一个不错的选择。通常情况下，投资者除了急需用钱之外，主动赎回基金都是因为对基金未来走势看弱而引发的，要么基金净值处于上升末期，投资者担心净值出现回落；要么基金净值处于下跌时期，投资者担心净值会进一步下跌。

不过，对于基金净值的未来走势，都属于投资者的个人判断，并不意味着基金净值的走势真的会与投资者的判断一致。每个人的判断都无法做到百分之百正确，只有市场给出的答案才是唯一正确的。投资者采取分阶段、分批次赎回基金的策略，可以避免自己过早赎回基金而错过投资收益。

当然，在设置赎回的频率方面，还需要结合投资者的资金量和市场情况综合判断。通常情况下，投资者可考虑以下两种分批赎回策略。

第一，以时间为中心，分批次赎回。例如投资者按照每周赎回一个批次的方式，连续几周将持有的基金赎回。这样，若基金在几周内出现了一些涨幅，无疑可以扩大收益。若基金的亏损扩大，因前面已经赎回了若干批次，则可减少亏损幅度。

第二，以价格为中心，分批次赎回。例如，投资者将基金净值上升或下跌至某一价位赎回固定份额的基金设置为赎回条件，当基金净值触发赎回条件时，可立即赎回相应份额的基金。

第三节　股票型基金基本投资策略

站在宏观的立场上来看，随着经济的发展，股市整体走势应该处于震荡上升趋势。也就是说，尽管短期内股市可能会有调整、震荡或者大幅下跌，但从长期来看，上涨一定是大概率事件。从这一点来说，买入股票型基金并坚定持有，一定会有可观的收益。然而，现实非常残酷，下面来看一下上证指数的历史走势，如图 8–3 所示。

图 8–3　上证指数日 K 线走势图

图 8–3 所示为 1996 到 2020 年的上证指数走势图。从图中可以看出，尽管在 20 多年的时间里，股市整体上也呈现出了震荡上升的态势，但期间出现的两次明显的高点，还是让人心有余悸。对于股票型基金的投资者而言，若在 2007 年和 2015 年两次股市顶峰时入场建仓，则可能在若干年内都很难

取得正收益。从这一点上来说，投资股票型基金时，选择正确的买入时机非常重要。

一、底部入场与定投

通过图 8–3 可以看出，合适的入场时机是股票型基金盈利的重要保障。作为投资者，肯定希望找到最佳的入场时机，找到真正的底部位置，而不是下跌的“半山腰”。不过，对于投资者而言，寻找绝对底部几乎是一件不可能实现的任务，因此在一些接近底部的位置持续定投，才是真正的投资获利秘籍。

第一，底部防御安全线。与其努力寻找绝对低点，不如找到相对底部。从上证指数的历史走势来看，3 000 点是一个相对安全的防御线。当市场由弱转强时，上证指数往往会向上突破 3 000 点；反之，当市场处于 3 000 点下方时，说明市场处于弱势整理行情中，不过，这一区域往往也属于相对安全的区域，如图 8–4 所示。

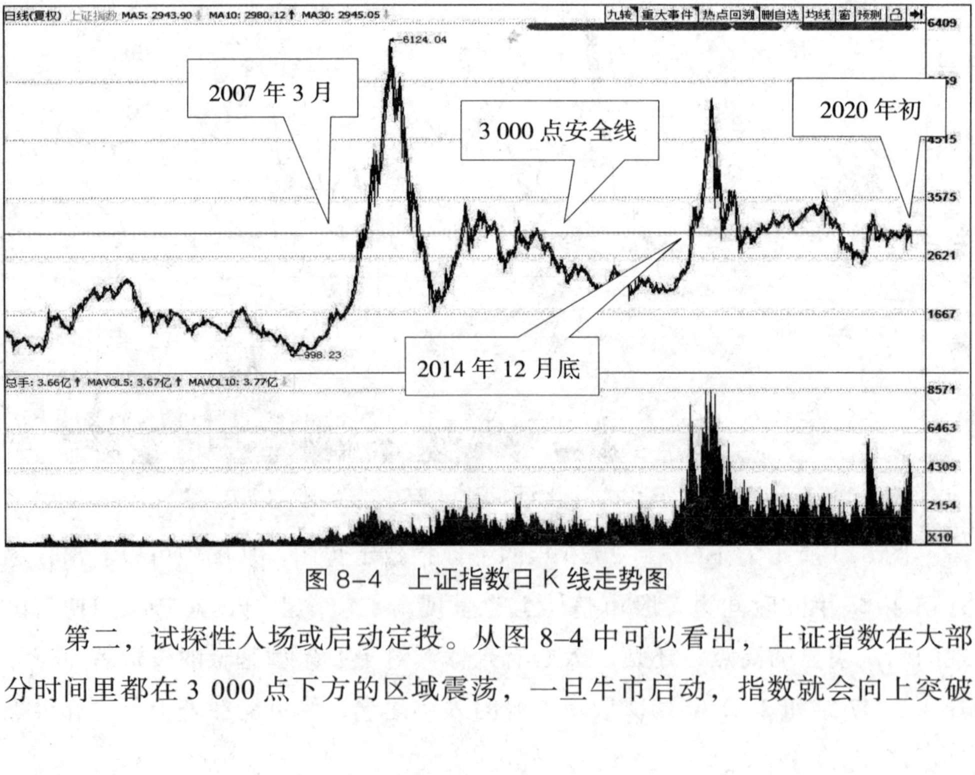

图 8–4　上证指数日 K 线走势图

第二，试探性入场或启动定投。从图 8–4 中可以看出，上证指数在大部分时间里都在 3 000 点下方的区域震荡，一旦牛市启动，指数就会向上突破

3 000 点。换句话说，投资者若能在低于 3 000 点的区域入场建仓或者坚持定投，然后耐心持有基金（或指数型基金）至上证指数向上突破 3 000 点，则无疑可以增加盈利的概率。

第三，3 000 点下方的交易策略。3 000 点是一个重要的安全线。投资者若持有股票型基金或指数型基金，在 3 000 点位置不宜再进行止损操作，毕竟当上证指数低于 3 000 点后，股票型基金或指数型基金下跌的空间十分有限，而上涨的潜力却是巨大的，即使出现了一些亏损，但只要坚持定投 3～5 年，应该会产生较大的盈利。

二、板块轮动与调仓换基

按以往的经验来看，即使大盘处于上升时段，也会存在有的板块上升速度较快、有的板块上升速度较慢甚至下跌的情况，这种情况在震荡市中表现更为明显。

下面来看一下白色家电板块与上证指数的波动幅度对比情况，如图 8–5 所示。

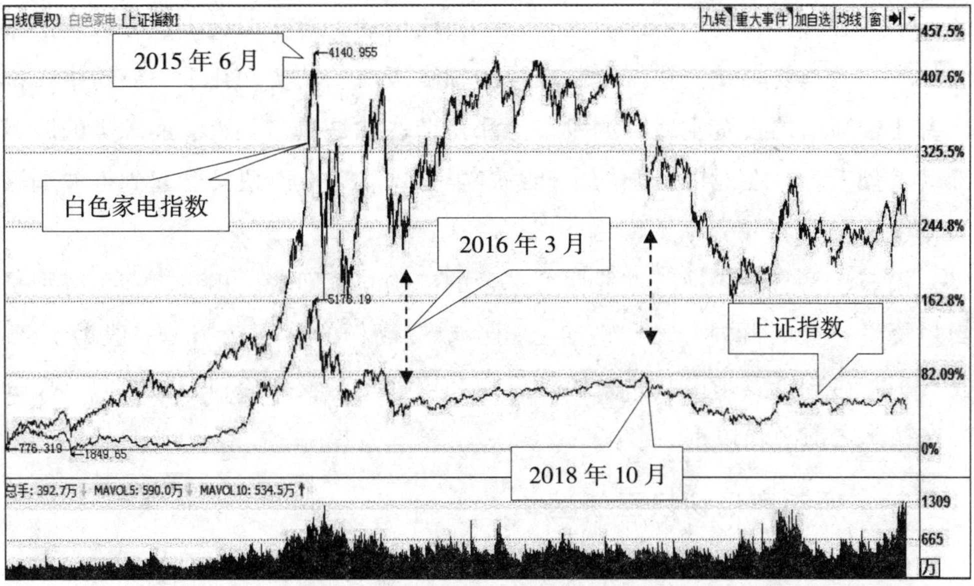

图 8–5 白色家电板块指数与上证指数的波动幅度对比情况

从图 8–5 可知，白色家电板块指数自 2015 年 6 月中旬随大盘指数同步大幅下挫，其后，也同步出现了震荡下跌走势。此阶段的走势说明，投资者持有大盘指数和白色家电指数相近的基金并无太大的区别。自 2016 年 3 月开始，白色家电板块出现了强势上升势头，其涨幅远远超过了大盘指数，此时，投资者若将持有的其他股票型基金或其他指数基金转换为白色家电板块指数基金或家电行业股票型基金，则无疑可以取得优于大盘的收益。从 2018 年 10 月底开始，白色家电的下跌幅度又明显超过了上证指数。由于白色家电板块中绩优股和白马股极多，该指数具有很强的抗跌性，一般该指数出现大幅下跌时，往往也是下跌行情临近尾声的时段。此后，从 2019 年年初开始，白色家电板块指数和上证指数同步进入上升通道。

在进行调仓换基之前，投资者需要注意以下几点。

第一，找到领涨板块。在股市上升行情中，某一时间段会有某一板块或几个板块起着推动大盘上攻的作用，这些板块就是领涨板块。

第二，分析领涨板块的可持续性。在一波牛市中，领涨板块中有一些板块持续上涨的时间会比较长，有一些持续时间很短，最短的领涨板块可能持续不了三五日。投资者不能因为有领涨板块出现，就立即买入这一板块的基金品种，而是要寻找那些持续性较强的领涨板块。其实，几乎每一轮牛市都会有比较清晰的投资主线，如股市上涨初期往往是基建工程、能源类的股票推动大盘上升；在股市上升的中期，各类钢铁、工业股票又会起到推波助澜的作用。

第三，不宜频繁换基。股票型基金的申购与赎回费用相对较高，特别是当投资者持仓时间过短时，基金公司会收取高额的赎回费用（一般为 1.5% 左右）。对投资者来说，频繁换基可能会蚕食相对较高的利润，因而，投资者在换基之前必须慎重。

三、顶部离场切换至债基

股票型基金与债券型基金、货币型基金不同，随着股市进入牛市尾声，股票价格就会出现触顶回落的走势，其后将会有一段时间很长的下跌行情。

如果投资者继续持有股票型基金或指数型基金，很可能会出现大幅损失，因而，当股市行情结束并已经确认开启调整后，投资者最好能够及时将股票型基金切换至债券型基金或货币型基金。

下面来看一下基金指数与上证指数的走势对比，如图 8–6 所示。

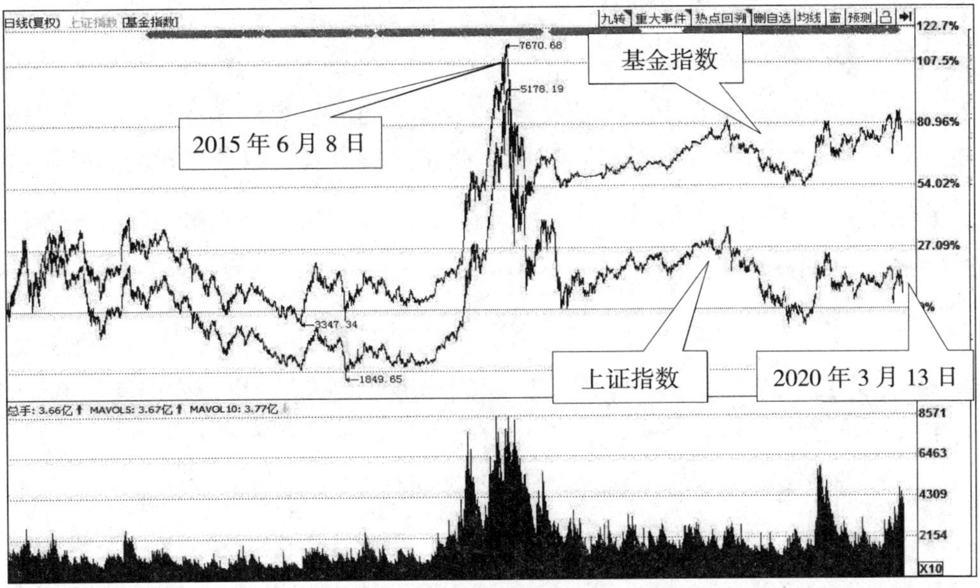

图 8–6　基金指数与上证指数走势对比

从图 8–6 中可以看出，基金指数的日 K 线走势与上证指数基本一致，只是下跌幅度要小于上证指数。当上证指数进入顶部区域时，基金指数也同步进入顶部区域。其后，随着股市的暴跌，基金指数也随之开始大幅走低。其实，当股市下跌行情已经可以确认的时候，持有股票型基金的投资者将手中的基金转换为债券型基金或货币型基金，无疑可以规避其后因股市下跌带来的投资损失。

投资者在将股票型基金转换为债券型基金时，需要注意以下几点。

第一，切换时机的选择。股市顶部的确认是转换能否成功的关键。很多时候，股市的顶部会在投资者并不认为是顶部区域的时候到来。也就是说，很多投资者预计股市还将继续上攻时，股市却开启了回调与下跌走势。这时候，投资者可考虑在股市上攻时设置一定的安全防线，例如当上证指数回调20% 或 30% 时，开始减仓并转换至债基。

第二，分批次转换更为稳妥。如果投资者无法确认股市是否转向，可以考虑在股市进入高位后，分批次转换基金。如将持有的股票型基金的 30% 转换为债券基金，当股市再下跌一定幅度后，再转换 30%，直至将所有股票型基金转换为债券型基金。

第三，设置投资风险线。从历史经验来看，当上证指数进入 5 000 点以后，往往意味着股市已经进入高风险区域，此时，投资者可以分批次止盈或将股票型基金转换为债券型基金。

四、减少操作频率

从大趋势角度来看，适当调整持有的股票型基金的品种，可以实现收益最大化，不过，这并不意味着投资者应该像短线炒股票一样操作股票型基金。因为股票型基金的申购与赎回费用相对较高，频繁更换股票型基金，无疑会大幅抬升交易成本。在实际操作过程中，投资者需要注意以下几点。

第一，设置操作安全线与风险线。前面提到过这个问题。例如，投资者分别设置 3 000 点和 5 000 点为安全线和风险线。即 3 000 点下方以加仓股票型基金为主，5 000 点上方以减仓股票型基金为主。当然，3 000 点和 5 000 点并不是绝对的安全线和风险线，投资者可以根据个人经验和股市走势动态调整。

第二，抓大放小。即找准大趋势，放弃小趋势。投资者可利用相关的技术分析方法，对股市运行的大趋势加以研判，当大趋势上升时，进行加仓操作；大趋势下降时，进行减仓操作。对于交易日内级别的波动，不宜过分关注，不能因为某日股市上涨而买入基金，也不能因为某日股市下跌而卖出基金。

第三，在板块轮动方面，投资者更应该关注那些能够支撑股价长期、可持续上行的概念，忽略那些短线热炒的概念。其实，短线爆发力越强的板块，上涨行情往往越难以持久。当然，若投资者持有的不是股票型基金而是股票，则另当别论。

第四节　股票型基金定投策略

长期投资，摊低成本，是基金定投的核心优势。投资者通过不间断的定投，可以有效地避免因判断失误而错过最佳的投资机会。

基金定投是定期定额投资基金的简称，是指投资者在固定日期（如每月10日，一般为投资者获得固定收入的日期）将固定金额的资金投入到某一开放式基金的方式。从某种意义上来说，基金定投有培养投资者投资理财习惯的作用。进行基金定投的投资者，一般都是每月从工资中拿出一部分来投资，正因如此，定投的日期也都设定在工资发放日的次日。当然，有些企业的工资发放日并不固定，投资者需预留一定的时间。

一、基金定投的基本策略

一般来说，能够长期坚持基金定投的投资者，都能获得较为丰厚的回报。不过，基金定投要想实现最大的投资收益，也需要讲究一定的方法和策略。

1. 基金定投标的

从理论上来说，无论何种基金都可以进行基金定投。不过，对于债券型基金或货币型基金来说，由于其收益较为稳定，基金定投与定期储蓄区别不大，投资者可随时买入，因而投资者进行基金定投的意义并不大。

从投资角度来说，股票型或偏股型基金才是基金定投的最佳标的。投资者通过不间断地定投，可以不间断地平摊持仓成本。从国内股票基金的走势来看，一些经典的股票型基金或混合基金确实比较适合定投。比如，之前介绍的很多股票型或混合型基金，5 年之内的收益都可以战胜指数，也都可以作为基金定投的标的，特别是前面介绍各行业基金投资情况时给出的典型基金品种，收益几乎都要好于大盘指数。

2. 开启与结束基金定投的时机

尽管基金定投可以平摊投资成本，但这并不意味着无论何时开启基金定投都能有不错的收益。基金定投的开启与结束时机也需要有所选择。

一般来说，当股市经过一波较大幅度的下跌之后，大盘指数在底部进行震荡整理的时候，就是投资者开启基金定投的时机。当然，有时候投资者也会判断失误，此时大盘还可能继续走低，不过，这已经不重要了，因为基金定投能够平摊这部分成本。

当股市出现较大幅度的上涨后，投资者就应该考虑停止定投，并在大盘指数到达较高位置后，逐步赎回定投的资金。

3. 基金定投的原则

投资者进行基金定投时，需要坚守如下三项基本原则，如图 8–7 所示

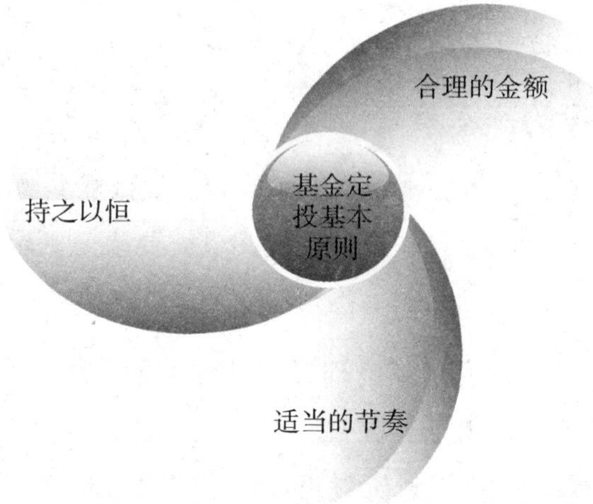

图 8–7 基金定投的三项基本原则

第一，合理的金额。基金定投需要定期投入固定金额的资金。这个资金额度应该是投资者经过合理计算获得的，且不能影响正常的生活。也就是说，投资者不能因为眼下手中的闲钱较多，就设置较高额度的定投标准，还要从未来着眼，确保不会因为基金定投影响家庭支出。同时，如果额度设置过高，可能会在中途不得不放弃定投计划。例如，某投资者手中有余量金额

为 20 000 元，月收入为 5 000 元，每月支出大约为 3 000 元。那么，该投资者在设置基金定投的额度时，一般每月不应该超过 1 000 元。

第二，适当的节奏。定投节奏的设置既要考虑收入进账的节奏，也要考虑定投的额度问题。对于以工资收入为主要经济来源的投资者，以月度为周期进行基金定投是一个不错的选择。当然，为了进一步平摊成本，可以将用于每月定投的金额分成四等份，并以周为周期进行定投，这也是一个不错的选择。例如，投资者若能够每月定投 4 000 元，则将其变为每周定投 1 000 元。反之，若将定投节奏设置为每年或每季一次，则定投间隔明显过长，起不到平摊成本的效果。

第三，持之以恒。基金定投需要很长的时间才能看到效果。按照目前股市波动的情况，一般 3 ～ 5 年才会出现一次较大的行情，因而，投资者的定投必须持续 3 ～ 5 年才能获得预期的收益。换句话说，投资者一旦决定开启基金定投，就必须有坚持 5 年甚至更长时间的心理准备，绝对不能半途而废。

二、基金定投的特点

基金定投具有 3 个显著特点，如图 8–8 所示。

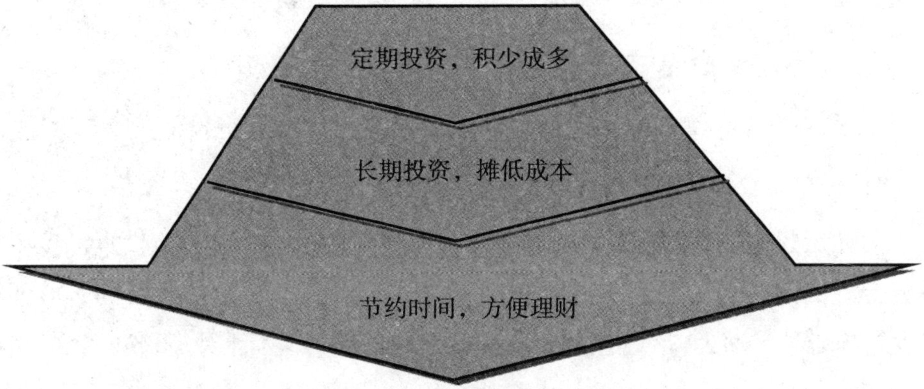

图 8–8　基金定投的 3 个特点

1. 定期投资，积少成多

前面介绍过，基金定投在一定程度上可以起到替代零存整取的效果，因此，投资者通过不间断的基金定投，可以在一定时间内积累较多的资产。当然，积累资产数量的多少，与投资者定投坚持的时间和定期投入的资金量有关，这部分资产可以帮助投资者应付以后的突发事件。

2. 长期投资，摊低成本

通过基金定投，投资者不必过分关注入场时机。买入基金后，即使基金净值随着股市的下跌而走低，但只要坚持定投，同样的资金量可以获得更多的基金份额，从而起到摊低成本的效果。例如，投资者在基金净值为 1 元时定投 1 000 元，获得 1 000 份基金；其后，若股市走低，基金净值随之降低至 0.8 元，那么，投资者再定投 1 000 元，将会获得 1 250 份基金，这时基金成本被摊低至 0.89 元；其后，若股市继续走低，基金净值随之降低至 0.5 元，那么，投资者再定投 1 000 元，将会获得 2 000 份基金，这时基金成本被摊低至 0.71 元左右。其后股市反弹，基金净值若能上升至 0.75 元左右，投资者就可以实现盈利了，无须等到净值回升至初始投资的 1 元位置。

3. 节约时间，方便理财

投资者设置基金定投后，系统会定时从银行账户中扣除相应的金额并转换成基金份额，这样，投资者就无须经常跟踪股市和基金市场。

三、基金定投基本模式

基金定投基本模式主要包括两种：匀速定投；变速定投。

1. 匀速定投

匀速定投是指无论外围环境如何变化，投资者坚持固定的投资额度与节奏不变。例如，投资者设定在上证指数 3 000 点以下开始按照每周 500 元的速度匀速定投。此后，无论大盘指数上升或下跌，均保持每周 500 元的定投速度。也就是说，即使大盘指数下跌至 2 000 点以下，投资者仍会坚持以每周 500 元的节奏进行定投。

例如，某投资者在 3 000 点时按照净值为 1 元的价格申购了 500 份某基金（不考虑手续费等因素，下同）；基金净值下跌至 0.9 元，则再度申购

500 元基金，就会得到 555.56 份基金；基金净值下跌至 0.8 元，则再度申购 500 元基金，就会得到 625 份基金；基金净值下跌至 0.7 元，则再度申购 500 元基金，就会得到 714.29 份基金；基金净值下跌至 0.6 元，则再度申购 500 元基金，就会得到 833.33 份基金；基金净值下跌至 0.5 元，则再度申购 500 元基金，就会得到 1 000 份。至此，该投资者共投资了 3 000 元，获得了 4 228.18 份基金，基金持仓成本为 0.7095 元 / 份。此后，若该基金出现反弹，基金净值上涨至 0.7 元，则该投资者仅亏损 40.274 元。

2. 变速定投

变速定投是指投资者根据外围市场环境的变化，适度调整定投的额度或节奏，以确保实现收益最大化。例如，投资者仍设定上证指数 3 000 点为定投启动点。此后，若大盘指数在 3 000 点下方每下行 100 点，则定投的额度增加 50 元；若大盘指数上升超过 3 000 点，则定投额度减少 50 元，直至停止定投。也就是说，若上证指数下跌至 2 000 点，则定投额度将会调整为每周 1 000 元。这样，投资者将会在大盘企稳时很快实现盈利目标。

例如，某投资者在 3 000 点时按照净值为 1 元的价格申购了 500 份某基金（不考虑手续费等因素，下同）；基金净值下跌至 0.9 元，则再度申购 550 元基金，就会得到 611.11 份基金；基金净值下跌至 0.8 元，则再度申购 600 元基金，就会得到 750 份基金；基金净值下跌至 0.7 元，则其再度申购 650 元基金，就会得到 928.57 份基金；基金净值下跌至 0.6 元，则再度申购 700 元基金，就会得到 1 166.67 份基金；基金净值下跌至 0.5 元，则再度申购 750 元基金，就会得到 1 500 份基金。至此，该投资者共投资了 3 750 元，获得了 5 456.35 份基金，基金持仓成本为 0.6873 元 / 份。此后，若该基金出现反弹，基金净值上涨至 0.7 元，该投资者就可盈利 69.45 元。

通过与之前的案例对比可知：同样是从 3 000 点开始启动定投，变速定投可以更早地实现盈利目标。

第五节 金牛奖——基金中的状元

“中国基金业金牛奖”评选活动由中国证券报主办，银河证券、天相投顾、招商证券、海通证券、上海证券等5家机构协办。目前，该奖项得到了基金行业和基金监管层的广泛认可，成为中国资本市场极具公信力的权威奖项之一。

一、金牛奖的评选对象

每年评选一次，评选对象为基金品种和基金公司两大类。

1. 涉及基金品种的奖项

（1）封闭式基金。包括年度金牛基金、3年期金牛基金和5年期金牛基金。

（2）开放式股票型基金。包括年度金牛基金、3年期金牛基金和5年期金牛基金。

（3）开放式混合型基金。包括年度金牛基金、3年期金牛基金和5年期金牛基金。

（4）开放式债券基金。包括年度金牛基金、3年期金牛基金和5年期金牛基金。

（5）开放式指数基金。包括年度金牛基金、3年期金牛基金和5年期金牛基金。

2. 涉及基金公司的奖项

（1）金牛基金管理公司。

（2）固定收益投资金牛基金公司。

（3）海外投资金牛基金公司。

（4）被动投资金牛基金公司。

（5）量化投资金牛基金公司。

（6）金牛进取奖。

通常情况下，进入候选名单的基金只有5%的机会成为金牛奖基金。同时，进入候选名单的基金也需要相当多的条件，最主要的是业绩要达到一定标准。

二、金牛奖股票型基金梳理

在所有的金牛奖基金中，本书重点关注的方向为开放式股票型基金和开放式混合型基金，特别是5年期股票型基金和混合型基金，如表8–1所示。

表8–1 5年期金牛奖股票型基金列表

基金类型	基金名称	近1年涨幅	近3年涨幅	近5年涨幅	基金经理
5年期开放式股票型基金	汇丰晋信大盘股票	32.56%	40.98%	123.6%	郭敏
	国富中小盘股票	31.81%	46.09%	125.04%	赵晓东
5年期开放式混合型基金	兴全轻资产混合	44.05%	68.69%	169.98%	董理
	交银定期支付双息平衡混合	53.32%	104.87%	201.81%	杨浩
	诺德成长优势混合	21.61%	37.7%	113.78%	郝旭东
	诺安中小盘精选混合	15.4%	17.48%	78.17%	韩冬燕
	交银阿尔法核心混合	52.73%	97.83%	156.13%	何帅
	工银金融地产混合	17.11%	35.61%	51.5%	王君正
	汇添富价值精选混合	29.28%	53.16%	119.74%	劳杰男
	嘉实优化红利混合	38.22%	77.79%	151.61%	常蓁
	汇添富消费行业混合	53.05%	105.47%	161.92%	胡昕炜
	博时主题行业混合（LOF）	32.59%	44.38%	82.51%	王俊
	华安科技动力混合	32.13%	36.27%	124.72%	李欣
	银华中小盘混合	72.12%	72.26%	195.94%	李晓星
	兴全合润分级混合	54.22%	74.13%	176.49%	谢治宇
	长盛量化红利混合	22.13%	31.23%	74.44%	冯雨生
	交银优势行业混合	46.51%	83.18%	200.11%	何帅

续表

基金类型	基金名称	近 1 年涨幅	近 3 年涨幅	近 5 年涨幅	基金经理
5 年期开放式混合型基金	国投瑞银策略精选混合	40.16%	45.27%	117.4%	吉莉
	新华行业灵活配置混合	34.32%	25.71%	176.53%	崔建波
	交银主题优选混合	62.03%	74.57%	170.69%	沈楠
	民生加银策略精选混合	78.73%	84.2%	42.47%	孙伟
	天弘安康颐养混合	11.46%	19.54%	42.54%	姜晓丽

注：上表为 2018 年年度金牛奖基金。

通过表 8–1 可以看出以下几点。

第一，从整体上来看，金牛奖获奖基金的收益水平普遍较高，比之前介绍的大多数基金的收益都要好。特别是 5 年收益水平普遍较高，交银定期支付双息平衡混合基金和交银优势行业混合基金的 5 年期收益都超过了 200%。

第二，同样是金牛奖获奖基金，不同基金的收益差距还是比较大的。以 5 年期收益为例，最低的收益水平仅为 42.54%，与 200% 的收益差距很大。这也要求投资者在筛选基金时，要注意具体基金品种的选择，而非将金牛奖看成唯一标准。

第三，表 8–1 中所列的基金品种为 2018 年度的金牛奖基金名单，而表 8–1 中的收益数据为截至 2020 年 2 月 20 日的数据。这些获奖基金只是在 2018 年之前的表现较好，并不代表之后的业绩也会很好。其实，从最近一年的业绩也可以看出，有些基金在最近一年的收益仅为 11.46%，这一收益水平是比较低的。

第四，在金牛奖评选的基金品种中，混合型基金的数量要远远超过股票型基金，说明在 2018 年度及以前的收益业绩中，混合型基金多数表现要优于股票型基金。其实，这与 2018 年股市走熊有关。混合型基金由于其股票持仓占比相对较低，因此损失相对较小。

第五，金牛奖基金获奖品种只能表示这些基金在过去几年的业绩表现不错，并不能代表未来的收益也会很好。基金公司经常会利用金牛奖获奖基金以及操作的基金经理进行宣传，以吸引更多的投资者购买其基金公司的产品。

三、金牛奖基金——交银定期支付双息平衡混合基金

交银定期支付双息平衡混合基金成立于 2013 年 9 月 4 日，旨在通过精选具有长期增长潜力和较好分红能力的股票，以及具有较高息票率的债券，力争实现基金资产的长期增值。

1. 基金基本情况

交银定期支付双息平衡混合基金的基本情况如表 8–2 所示。

表 8–2　交银定期支付双息平衡混合基金基本情况表

所属基金公司	交银施罗德基金	创立日期	2013.9.4
基金规模	24.54 亿元（2019.12.31）	基金评级	★★★★★
现任基金经理	杨浩（2020.2.21）	任职开始时间	2015.8.15
基金经理任期回报	149.27%（2020.2.21）	任期沪深 300 指数涨幅	1.76%

从基金的基本情况可以看出，该基金整体规模适中，比较有利于基金经理的运作。该基金经理在任职的 4 年多时间里，沪深 300 指数的涨幅为 1.76%，而本基金的涨幅为 149.27%，说明该基金经理的运作比较有效。该基金的评级为五星级，属于市场上评级最高的基金。

2. 基金持仓分布

根据基金合同的相关限制，截至 2019 年 12 月 31 日，该基金股票持仓占比达到最高限度，即 69%，其他仓位只持有债券。持仓股票按行业划分情况如图 8–9 所示。

从图 8–9 中可以看出，交银定期支付双息平衡混合基金近期持仓以制造业、信息科技、文化娱乐为主，三者相加的仓位占整个股票仓位的 80% 左右。当然，这也与 2019 年科技类股票表现强势有着密切的关系。

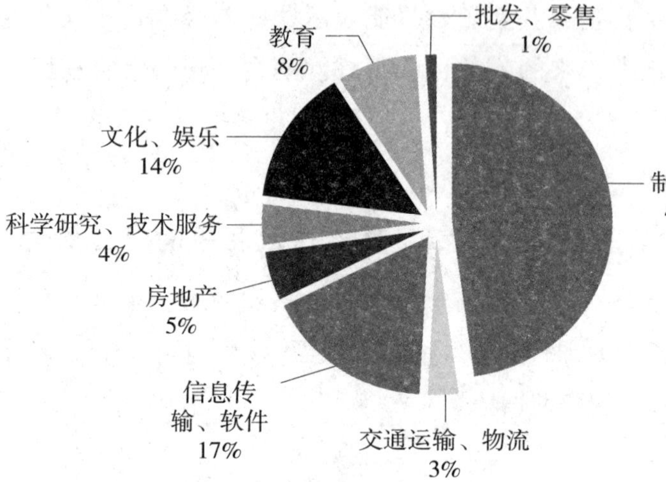

图 8–9　基金持仓股票分布

该基金的十大持仓股票及市值占比如表 8–3 所示。

表 8–3　交银定期支付双息平衡混合基金的十大持仓股

序号	股票代码	股票名称	数量（股）	公允价值（元）	占基金资产净值比例（%）
1	300413	芒果超媒	5 023 570	175 624 007.20	7.16
2	000725	京东方 A	30 967 000	140 590 180.00	5.73
3	002607	中公教育	7 682 789	137 368 267.32	5.60
4	603517	绝味食品	2 948 962	136 303 284.90	5.55
5	600690	海尔智家	6 291 943	122 692 888.50	5.00
6	002050	三花智控	4 664 193	80 830 464.69	3.29
7	000002	万科 A	2 429 351	78 176 515.18	3.19
8	300012	华测检测	4 799 547	71 561 245.77	2.92
9	300188	美亚柏科	4 017 860	68 705 406.00	2.80
10	002555	三七互娱	2 548 396	68 628 304.28	2.80

资料来源：交银施罗德网站（截至 2019 年 12 月 31 日）。

从表 8–3 中可以看出，交银定期支付双息平衡混合基金近期的持仓中，偏好于泛科技股票，如京东方 A、三花智控、华测检测、美亚柏科、三七互娱。

从市场环境来看，经过2019年的股市上涨后，这些科技类股票涨幅相对较大，这也是该基金在2019年净值增幅较大的原因。

3. 基金收益情况

下面来看交银定期支付双息平衡混合基金收益与沪深300指数的走势对比情况，如图8–10所示。

图8–10　交银定期支付双息平衡混合基金与沪深300指数走势对比（来源：天天基金网）

交银定期支付双息平衡混合基金在最近5年中的收益率波动形态与沪深300指数比较吻合。不过，在最近几年里，当大盘指数上升时，基金收益增幅更大；当大盘指数下跌时，基金收益下降幅度相对较小。从图中可以明显看出，自2015年牛市之后，尽管沪深300指数涨幅不大，但该基金的净值增速一直较高，属于典型的优质基金。